教職の世界

― 子どもたちの未来のために ―

伊藤 成 年

［授業の世界］

（「第3章 2. 授業の世界と可能性」参照）

小学校（社会）

小学校（理科）

中学校

小学校（算数）

小学校（国語）

東京図書出版

は じ め に

　知識基盤社会*¹の到来やグローバル化、情報化、少子・高齢化など
の社会構造の変化の中で、学校教育への期待は益々高まっている。学校
や教員には、社会の変化を踏まえつつ質の高い教育活動を行っていくこ
とが求められ、次代を担う子どもたちが「持続可能な社会の創り手」と
なるための資質・能力を身に付ける指導力が期待されているのである。
　そうした中、近年、教職をめざす若者が少なくなってきている。世界
の中でも日本は教職をめざす人材が多く、質の高いことでも知られてい
るが、日本の教師の質を支えてきた教員採用試験の受験倍率は、2000
（平成12）年の13.3倍をピークに全国的に年々下がり続け（第２章参
照）、都道府県によっては受験倍率（小学校）が2.0倍を切ったところも
現れてきている。加えて、指導力不足教員は増加傾向にあり、一部の教
員による不祥事も依然として後を絶たない。「教師の４割は月１冊も本
を読んでいない」といった調査結果*²は、多忙で時間が取れないこと
も影響しているかと思われるが、教員の質の確保といった面からも看過
できない状況である。
　こうした状況の中、秋田大学では、2017（平成29）年に高大接続セ
ンターを創設し、事業の一環として、将来教職を志望する高校生や大
学生を対象にした「教師ミニミニ体験事業」を開始した。この事業は、
夏季休業中の小・中学生に対す
る学習支援や、教職に関する講
義（「高大連携授業」）の受講（右
写真）、更には、小学校や中学校
の教壇に実際に立って授業を行う
「教職体験」（次頁写真）など、講
義と実体験を通して教職の魅力や
適性、難しさややり甲斐を感じる
機会を提供するものである。ま

高大連携授業

た、本事業は、高等学校段階から
の教員養成の取り組みとして「秋
田県教員育成指標」*3 にも取り上
げられている。事業の中で行われ
ている教職に関する講義は、「大
学コンソーシアムあきた」*4 が主
催する「高大連携授業」の中の講
座（科目）の一つとして開設し、

高校生教職体験（小学校）

教師ミニミニ体験事業参加者以外の高校生も対象として広く公募し実施
している。2017（平成29）年に始まった教職に関する「高大連携授業」
には、これまでに280名を超える高校生と大学生が参加しているが、受
講者アンケートによると、殆ど100%の生徒・学生が満足していると答
えている。また、参加高校生を対象とした追跡調査においても、多くの
高校生が在籍校での学習に熱心に取り組み、教職をめざして上級学校に
進学したとの回答が寄せられている。

　本書は、教職に関する「高大連携授業」の講義をもとに大幅に加筆し
たものである。全体を「第Ⅰ部 『教師』という職業」、「第Ⅱ部 教育
を支えるもの」、「第Ⅲ部 高い学力を支える秋田県教育の特徴」の３部
に分け、全９章で構成した。
　各章のはじめには、本文に入る前に章を貫く考え方やバックボーンと
して予め知っていただきたいことを述べ、内容理解を容易にするための
工夫をした。以下、簡単に各部、各章のねらいを述べる。

「第Ⅰ部 『教師』という職業」は、教職についての概論である。
　第１章から第３章までは、現在の学校現場の実態と教師という職業の
実際について国際調査も踏まえて考察した。また、第４章と第５章で
は、世界と日本の教育改革の方向性や、コロナ禍の中での日本の教育の
実状をもとに、新たな時代の教育のあるべき姿等について考察した。
「第１章 教職の世界 ― その魅力と適性 ―」では、現在の学校とい

う職場の特質や教師の仕事内容、勤務時間、更には待遇等に関することまで、できるだけ具体的に教職の世界を捉え、その上で、教職の魅力や適性について考えを進めた。

「第2章　憧れから確かな志望に　― 教師になる！―」では、教員免許状の取得や教員採用候補者選考試験（教員採用試験）等、教員採用に至るまでの取り組みについて記載している。

「第3章　学び続ける教師　―『確かな学力』を育てる教師をめざして ―」では、児童生徒に望ましい資質・能力を身に付けるとともに、教師自らも一人の教師として豊かに充実した教職人生を送るうえで必要な資質・能力を身に付けるために、「学び続ける教師」という観点から、特に「学習指導力」に焦点を当てて考察した。

「第4章　未来を生きる子どもたちのために　― 教育の責任 ―」では、現在、新たな時代に向けた教育改革が急速に進行しているが、「なぜ今、教育改革が必要なのか」、「どういう方向に向かって改革しようとしているのか」という基本的な問いに世界の動向も踏まえて応えようとした。

「第5章　コロナ禍の中での学びの保障とコロナ後の教育　― 社会の変化に即応したよりよい学びの実現をめざして ―」では、2020（令和2）年に爆発的に全世界を襲った新型コロナウイルスの感染拡大による学校の一斉臨時休業など、不測の事態に学校がどのように対応したか、児童生徒の学びの保障のために行われた各学校の取り組みを紹介するとともに、社会の変化に即応した学びの実現をめざす今後の学校教育の在り方や教師の役割等について考察した。

「第Ⅱ部　教育を支えるもの」では、「教育とは何か」という本質的な問いをもとに、教育の質を高めるために必要不可欠なもの、留意すべきことは何か、ということについて教職の特殊性を踏まえて考察した。

「第6章　教職の特殊性　― 専門職としての厳しさ ―」では、教職ならではの特性、つまり教職以外の職ではあまりみられない特性について述べた。筆者の経験をもとにした考察であり、若い人に特に伝えたいことでもある。

「第7章　教育を支えるもの　─教職をめざす皆さんに期待すること─」では、教職をめざす人、あるいは現在教育現場で奮闘している若い人に、教壇に立つにあたっての心構え等を「期待すること」として述べた。

「第Ⅲ部　高い学力を支える秋田県教育の特徴」では、教育の目標等に関して秋田県の戦後教育の歴史や施策等を踏まえて考察した。

「第8章　戦後秋田県教育史概観　─『全国学力調査』にみる秋田県教育の特徴─」及び「第9章　秋田県教育を支える取り組み　─教育委員会の施策─」は、本書が秋田県内の高校生及び大学生を対象とした講義をもとにしているという性格上、秋田県の戦後教育の歴史やその特徴を知っていただきたいという思いからまとめたものである。秋田県教育の歩みを知ることは、秋田県以外の方であっても、教職に携わりたいという志のある方、あるいは現在、教職に携わっている方にとっては参考になる部分が少なくないものと確信し、敢えて掲載することにした。

　本書は、教職をめざす人たちだけではなく、現に教員生活を送っている若い人にも手にとっていただきたい。そうした願いを込めて加筆したため、特に第4章及び第5章は高校生には少し難解かと思われる部分もある。そこで、少しでも理解の助けになり、更に理解が深まればと考え、すべての章の節ごとに注を設けて「用語」の解説や「参考・引用文献」を掲載した。また、本書では、どの章からでも読み始めることができるようにその構成に配慮したが、教育現場をよく知っている現場の教員の先生方には第4章から読まれることをお勧めしたい。高校生や大学生の皆さんには用語解説（注）等を参考にしながら、是非最後まで読み進めてもらいたい。

　また、内容的に多少の重複部分があり、気になる方もおられるかも知れない。特に、「第1章　教職の世界」と「第6章　教職の特殊性」及び「第4章　未来を生きる子どもたちのために」と「第7章　教育を支えるもの」には繰り返される部分が少なくない。それは、テーマの近接

というだけではなく、特に教職をめざす若い皆さんに強調しておきたいことでもあるため、多少言葉を変えながら敢えて繰り返していることをお許しいただきたい。

　教職は、創造的で魅力的な職業である。
　本書が、教職に関心をもっている若い人の憧れを掻き立て、熱い志をもって教職への道を切り拓く契機となれば幸いである。また、現在教員として日々奮闘されている先生方には、教職生活に更なる誇りと潤い、将来の見通しをもち活動意欲を高めるお役に立つことができるならばこの上ない幸せである。

＊1）「知識基盤社会（knowledge-based society）」とは、新しい知識・情報・技術が、政治・経済・文化をはじめ社会のあらゆる領域で活動の基盤として飛躍的に重要性を増す社会のことである。中央教育審議会答申（「我が国の高等教育の将来像」2005〈平成17〉年）では、21世紀の「知識基盤社会」の特質として次のような例をあげている。
　　⑴　知識には国境がなく、グローバル化が一層進む
　　⑵　知識は日進月歩であり、競争と技術革新が絶え間なく生まれる
　　⑶　知識の進展は旧来のパラダイムの転換を伴うことが多く、幅広い知識と柔軟な思考力に基づく判断が一層重要となる
　　⑷　性別や年齢を問わず参画することが促進される

＊2）『教師崩壊』（妹尾昌俊、2020）によると、教師の1か月の読書量調査（著者の独自調査）では、熱心に多くの本から学んでいる教員がいる一方、特に29歳以下の若い教員の読書量が少なく、小学校教員の約3割、中学校、高校教員の4割以上が「1か月の読書量0冊」と回答している。

＊3）「教員育成指標」は、教員の職責、経験及び適性に応じて向上を図

るべき資質に関する指標であり、教育公務員特例法の改正（平成29年4月）により新たに都道府県教育委員会等に作成等が義務付けられた。秋田県教育委員会では、養成・採用・研修を通した一体的な教員育成を推進するため、教育委員会と県内の教員養成を行う大学等とで構成する「秋田県教員育成協議会」を立ち上げ、平成30年3月に「秋田県教員育成指標」を策定した。その中には、高校生段階からの教員養成の取り組みとして「教師ミニミニ体験事業」が盛り込まれている。
秋田県教員育成指標：https://www.pref.akita.lg.jp/pages/archive/32662

＊4）「大学コンソーシアムあきた」は、秋田県内の大学等が連携・協力して、教育・研究活動を活性化するとともに、その成果を地域社会に還元し地域の発展に貢献することを目的として平成17年3月に設立された。「高大連携授業」はその中の事業の一つで、高校生に大学・短大等の講義を体験してもらうために企画した特別授業である（ただし、本書のもとになった「教職に関する講義」では大学生の受講も認めている）。

目　次

第 I 部　『教師』という職業

第1章　教職の世界　―その魅力と適性―

　高校生や大学生の皆さんにとって、「教師」という職業は身近な職業の一つに違いない。一日の大部分を過ごした小学校や中学校では、担任の先生が最も身近な存在だったのだから。従って、教師の仕事の内容についても大概わかっていると思っているのではないだろうか。しかし、わかっているつもりでも案外知らないことが多いものである。また、国語や数学が得意で成績も良かったから国語や数学の教師になれる、と思っている人もいるかも知れない。でも、教師の仕事はそれほど簡単に務まる仕事ではない。

　教育学者の佐藤学は、教師の仕事は高度な知性的実践であり、複雑で高度な創造性と専門性が求められる仕事であるとして、「教師の仕事の外観上のたやすさと実質上の難しさの対比は、オーケストラの指揮者にたとえられる」と述べている。そして「指揮者は、音楽を熟知していない観客から見ると、楽譜の指定するテンポで楽団の人々が奏でる音楽に合わせて指揮棒を振っているだけに見えないわけではない。しかし、オーケストラの指揮者の仕事は途方もなく高度な仕事であり、演奏する楽譜の細部まで精緻にもれなく研究し、音楽性と音楽の専門的知識と楽曲の解釈において誰よりも卓越し、しかも楽団員一人ひとりの創造性を最大限に引き出す能力を備え、そのすべてを最大限に発揮して、指揮棒を振っている。しかし、その高度の音楽性や、専門的知識、楽曲の精緻な分析、楽団員の創造性を最大限に引き出す能力は、外から見えるものではない。教師も同様である」と指摘している。

　本章の前半（第1〜第3節）では、多岐にわたる教師の仕事の主な内容と働き方の実態、その課題と働き方改革の方向性、更には学校組織や学校と教育委員会との関係等について概説する。後半（第4、第5節）では、給与や福利厚生等の待遇、そして、教職の魅力や適性について考察する。

[参考・引用文献]
- 佐藤学『専門家として教師を育てる ― 教師教育改革のグランドデザイン ―』岩波書店、2015

1. 教師の仕事

　教師の仕事は、教科指導や生活指導・生徒指導等多岐にわたる（右図上）。**①教科指導・評価**とは、児童生徒*1を対象に授業を通して「国語」や「算数」・「数学」等の指導や評価をすることである。具体的には、授業で身に付けさせたい学力を明確にして指導計画を立案し教材を作成したり、授業の展開の仕方を検討したりして分かり易い授業をすることである。TT（ティーム・ティーチング）の場合は、複数の担当教員同士で協議して指導案（略案）を作成したり授業を組み立てたりすることになる。指導後には、目標と

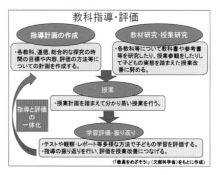

した学力が児童生徒に身に付いているかを**評価**し、その評価をもとに自らの指導の在り方を振り返り、次の授業を改善するための手立てを考えることも大切な教師の仕事である（右図下）。

　また、学級担任になると**②学級経営**の仕事がある。「学級目標」づくりや「学級通信」の発行、クラス掲示、朝の会や学級活動、LHR（ロングホームルーム）の実施、児童生徒を深く理解するための個人面接や保護者面談、更には通知表や指導要録の作成等、主として担任が副担任等の教員とともに行うことになる。児童生徒に最も身近な存在として、学

級担任の仕事は、安全や進路にかかわることも含めて多岐にわたる。③生活指導・生徒指導や④進路指導・キャリア教育、更には、学校行事等の⑤特別活動や⑥研究活動に関しては、学校全体の計画のもと、学級担任だけではなく全教職員が役割分担をしながら組織的に取り組むことが大切である。校務分掌（後述）を通してそれらの業務を教職員間で分担することになる。特に、生活指導・生徒指導においては、問題行動を未然に防止することはもちろん、人間としての在り方や生き方を指導することも教師の大切な務めである。

特別活動（学校行事［小学校卒業式]）

部活動（中学校総合体育大会）

　⑦部活動は、学校教育活動の一環として、スポーツや文化、学問等に興味・関心をもつ児童生徒が、教職員（顧問）の指導の下で行う自発的・自主的な活動である。近年、特に小学校では、部活動を廃止し、地域のクラブ・サークルやスポーツ少年団などに事実上委託する学校も増えてきているが、教育活動としての部活動の意義や重要性は変わるものではない。学校における部活動・サークル活動の顧問教師は、より高い水準の技能や記録等をめざす中で児童生徒の人間形成を図り、楽しさや喜びを味わうことで明るい学校生活を保障する活動になるように配慮することが必要である。

　以上のように、教師には授業だけではなく多種多様な仕事があるが、近年、「学校における働き方改革」の中で、スクールカウンセラーやスクールソーシャルワーカー、部活動指導員、また、スクール・サポート・スタッフ、更にはスクールロイヤー等 *2 が学校に配置され、教師

の仕事内容にも変化がみられるようになってきた。また、文部科学省は、新型コロナウイルス感染症の影響下にあって企業の雇用維持に寄与するとともに学校をサポートする人材確保・外部人材の活用による学校の活性化を図ることを目的として、企業人材の受け入れを希望する教育委員会や学校と、雇用のシェアを希望する企業をつなげるために「学校雇用シェアリンク」を文部科学省ホームページに開設した＊3。

　これからの時代は、社会の変化に応じて学校も大きく変わっていく。学校教員には、変化に柔軟に対応することが求められる。文部科学省は、これからの時代に求められる教員の資質・能力として、「(教員は)教職生活全体を通じて、学び続ける存在であることが不可欠である」として、「**学び続ける教員像**」を示している（「第3章　学び続ける教師」参照）。自らのスキルアップを図るための研究と修養、すなわち⑧**研修への参加**がこれまで以上に学校教員には重要となってきている。

＊1)「**児童**」は小学生、「**生徒**」は中学生、高校生をいう。法律（学校教育法）では、初等教育を受けている者（小学校や特別支援学校小学部に在籍する者）を「児童」または「学齢児童」といい、中等教育を受けている者（中学校・高等学校、特別支援学校中等部・高等部に在籍する者）を「生徒」または「学齢生徒（中学生）」としている。なお、高等教育を受けている者（大学・高等専門学校に在籍する者）は「**学生**」、専修学校・各種学校に通う専門学校生は「生徒」、就学前教育段階にある幼稚園児や保育園児は「**幼児**」という。

＊2)**スクールカウンセラー（SC）**とは、学校現場において心の問題を抱える児童や生徒、その保護者、場合によっては教職員に対して、臨床心理に関する専門知識を生かしながらサポートする専門家をいう。取得必須とされている資格はないが、専門的な知識や技法を用いた支援をする役割を担うことから臨床心理士の資格を持っている人や、精神科医がスクールカウンセラーとして活躍していることが多い。スクールカウンセラーには、必要に応じて教職員の研修を

行ったり、事件や事故が発生した時に被害児童・生徒のサポートを行ったりと、幅広い業務が求められている。

スクールソーシャルワーカー（SSW）とは、子どもの家庭環境に関わる問題に対処するため、児童相談所と連携したり、教員を支援したりする福祉の専門家である。原則、社会福祉士か精神保健福祉士などの資格が必要だが、元教員もいる。児童生徒が学校や家庭、地域での暮らしに困難を抱えている場合に、生活支援や福祉制度の活用などを通して支援を行う専門職で、児童生徒や家族との生活環境を調整する相談や支援学級の準備、学校外からの支援の活用なども行う。

部活動指導員とは、部活動の指導だけでなく、大会の引率も行える「外部指導者」をいう。2017年4月から制度化された部活動指導員は、学校外から学校の正式な職員として配属され、部活動の顧問として部活動の管理運営全般を担うことができる。

スクール・サポート・スタッフとは、教員に代わって資料作成や授業準備等の補助業務を担い、教員をサポートするスタッフをいう。これまで教員が1人で行ってきた業務を分担することが可能となり、教員が児童生徒と向き合う本来の業務に注力できるようになった。

スクールロイヤー（School Lawyer: SL）とは、学校で発生する様々な問題について子どもの利益を念頭に、法律の見地から学校に助言する弁護士をいう。文部科学省は2020年度からスクールロイヤーを全国に配置するとしている。

*3)「学校における企業人材受入れ支援のための『学校雇用シェアリンク』の開設について（周知）」文部科学省（令和3年1月8日）

２．教師の働き方

「教師には、夏休みや冬休みがある」という声を聞くことがある。以前ほど多くはないが、依然として「教師は子どもと同じように休んでいる」と思っている人もいるようである。

　もちろん、教師は子どもと一緒に休んでなどいない。学校の夏季休業中も冬季休業中も、教師にとっては正規の勤務日である。学校の教員を含めた労働者には、「年次有給休暇」があり（「４．教員の待遇」参照）、授業のある日に休暇を取ることのできない教員の多くは、授業等に支障のない夏季休業中や冬季休業中に年次有給休暇を取っているのが実情である。

　また、「教師は、勤務時間も長く仕事量も多い。プライベートな時間が少なく、学校現場はブラック企業になっている」といった声も聞こえてくることがある。こうした声は、一部の報道や教職関係者以外のところから聞こえてくることが多い。現場教師からは「仕事量は多いが、新しいことにチャレンジできる」「生徒の成長に関わることができて、やり甲斐を感じる」等の声が多く聞こえてくる（「５．教職の魅力と適性」参照）。しかしながら、確かに教育現場が忙しいことは事実であり、教師の働き方に課題があるのも事実である。近年、国を挙げてその改善に向けた取り組みが進められている。

(1) 学校の一日

　右図は秋田市内にある小学校及び高等学校の日課表（活動例）である。学校によって始業・終業時刻は異なり、同じ学校でも、地域によって夏時間と冬時間があったりする。

　小学校の例をみると、朝の活

小学校の日課表　（例:秋田市立N小学校）

朝の活動	一校時	二校時	(交流タイム)業間	三校時	四校時	給食清掃	昼休み	昼読書	五校時	六校時	帰りの会	下校終了
8:15~8:40	8:40~9:25	9:30~10:15	10:15~10:40	10:40~11:25	11:30~12:15	12:15~13:35	13:35~13:50	13:50~14:35	14:40~15:25	15:25~15:40		15:40

高等学校の日課表　（例:秋田県立A高等学校）

予鈴	SHR	一校時	二校時	三校時	四校時	昼休み	五校時	六校時	※火曜日は七校時　水曜日はHR 50分	完全下校
8:25	8:30~8:40	8:45~9:40	9:50~10:45	10:55~11:50	12:00~12:55	12:55~13:35	13:35~14:30	14:40~15:35	15:35~15:45	18:30

動（「朝読書」や「ミニテスト」の実施）が8時15分に始まるが、教員は、8時前には出勤して児童の登校指導をしたり、教室で児童の様子を観察したりしている。また、児童の下校終了時刻は15時40分となっているが、児童と一緒に帰る教師はいない。児童の下校指導をしたり、放課後は提出した課題をみたり、部活動の指導をしたりして、勤務終了時刻（Ｎ小学校は16時45分、Ａ高等学校は16時50分）になっても定刻通りに帰ることは殆どないのが実情である。

　教師の一日の勤務時間は都道府県の条例で7時間45分と決まっている（後述）。

⑵ 教師の勤務時間とその実態

①教師の勤務時間

　勤務時間とは、職員が任命権者（教育委員会）の指揮監督のもと、職務に専念することを義務付けられている時間であり、地方公務員である教員の勤務時間は、地方公務員法第24条に基づき当該地方公共団体の条例で定められている。この条例をもとに各学校では勤務時間の割振りが行われている（例：右図は「職員の勤務時間、休暇等に関する条例」〈秋田県〉）。

　勤務時間にはあらかじめ定められた正規の勤務時間の他に、校務運営の必要から臨時または緊急に必要がある場合の超過勤務時間がある。

> **「職員の勤務時間、休暇等に関する条例」**（秋田県）
>
> 第一条（目的）この条例は、地方公務員法第二十四条第五項の規定に基づき、職員の勤務時間、休日及び休暇に関し必要な事項を定めることを目的とする。(平二八条例九・一部改正)
>
> 第二条（一週間の勤務時間）職員の勤務時間は、休憩時間を除き、四週間を超えない期間につき一週間当たり三十八時間四十五分とする。(略)
>
> 第三条（週休日及び勤務時間の割振り）日曜日及び土曜日は、週休日(勤務時間を割り振らない日をいう。)とする。(略)
> 2 任命権者は、月曜日から金曜日までの五日間において、一日につき七時間四十五分の勤務時間を割り振るものとする。(以下略)

　教員の超過勤務は、その勤務の特殊性から次の4つの業務（「超勤4項目」といわれている）に限定され、超過勤務手当や休日給の支給はない。

　　①生徒の実習に関する業務　　　②学校行事に関する業務

③職員会議に関する業務　　　　④非常災害等やむを得ない業務

　これらの業務については、「教職調整額」や「教員特殊業務手当」で措置されることになっている。また、休日勤務の場合は、代休日や振替休日がある（「4．教員の待遇」参照）。
　また、勤務時間の途中で勤務から解放され自由に利用することが保障される時間（「**休憩時間**」）と、一定時間の勤務を続けた場合の疲労回復の時間（「**休息時間**」）をとることが定められている*¹。
　秋田県（各都道府県においても同様）では、「休憩時間」は、勤務時間が6時間を超える場合は45分、8時間を超える場合は1時間与えられ、「休息時間」は、職務に支障のない限り、勤務時間4時間に15分与えられる（右図）。
　なお、「休憩時間」には勤務義務が課されず、給与支給の対象外であるが、「休息時間」は正規の勤務時間として給与の支給対象になっている。

```
┌─────────────────────────────────┐
│        教師の勤務時間              │
│ ○小学校の例(秋田市立N小学校)        │
│   勤務時間   8:15 ～ 16:45        │
│   休憩時間  15:45 ～ 16:30 (45分)  │
│  ┌ ただし、会議等がある場合は 14:50 ～ 15:35 │
│  └「給食指導」があるため昼の休憩は不可  │
│                                 │
│ ○高等学校の例(秋田県立A高等学校)    │
│   勤務時間   8:20 ～ 16:50        │
│   休憩時間  12:55 ～ 13:35        │
│            16:15 ～ 16:20 (45分)  │
└─────────────────────────────────┘
```

*¹) 公立学校の教育公務員の勤務時間その他の勤務条件は、一部の規定
　　を除き、労働基準法が適用される（地方公務員法第58条）。

②教師の勤務時間の実態

　OECD（経済協力開発機構）が、日本を含む世界48の国・地域の中学校に相当する学校の校長と教員を対象に行った第3回「**OECD 国際教員指導環境調査（TALIS）2018**」（2019年6月公表）*¹の結果によると、世界の教員の中で、日本の教員の仕事時間の長さが際立っていることが明らかになった（次頁図上）。
　日本の中学校教員の1週間当たりの仕事時間の合計（直近の「通常の1週間」において授業、授業準備、採点、職員会議や職能開発等に費

やした時間）は、56.0時間で、参加国平均の38.3時間を大きく上回り、TALIS 2013年調査（前回）結果の53.9時間と同様に参加国中、最も長い時間であることが分かった（小学校教員も54.4時間と参加国の中で最も長い）。また、「仕事時間の

教員の仕事時間

		仕事時間の合計	指導（授業）	学校内外で個人で行う授業の計画や準備	学校内での同僚との同僚作業や話し合い	児童生徒の課題の採点や添削	児童生徒に対する教育相談（児童の監督指導、カウンセリング進路指導非行防止指導等）
中学校	日本	56.0時間	18.0時間	8.5時間	3.6時間	4.4時間	2.3時間
	日本（前回調査）	53.9時間	17.7時間	8.7時間	3.9時間	4.6時間	2.7時間
	参加48カ国	38.3時間	20.3時間	6.8時間	2.8時間	4.5時間	2.2時間
小学校	日本	54.4時間	23.0時間	8.6時間	4.1時間	4.9時間	1.3時間

		学校運営業務への参画	一般的な事務業務（教員として行う連絡事務、書類作成その他の事務業務を含む）	職能開発活動	保護者との連絡や連携	課外活動の指導（例：放課後のスポーツ活動や文化活動）	その他の業務
中学校	日本	2.9時間	5.5時間	0.6時間	1.2時間	7.5時間	2.8時間
	日本（前回調査）	3.0時間	5.5時間	―	1.3時間	7.7時間	2.9時間
	参加48カ国	1.6時間	2.7時間	2.0時間	1.6時間	1.9時間	2.1時間
小学校	日本	3.2時間	5.2時間	0.7時間	1.2時間	0.6時間	2.0時間

（「OECD国際教員指導環境調査(TALIS)2018報告書」(国立教育政策研究所)をもとに作成）

合計」以外の項目において参加国中で最も長い時間となった項目は「学校内外で個人で行う授業の計画や準備」、「一般的な事務業務」、「放課後のスポーツ活動や文化活動を含む課外活動の指導」である。特に、日本では課外活動にかける時間が週7.5時間と、参加国平均の週1.9時間よりも４倍近く長い。日本の教員の多忙化の要因の一つが課外（部）活動の指導といえる。

　調査結果が公表された翌日の新聞では、「（学校現場では）教材研究の時間もとれない」、「過剰なストレスで精神疾患が長期化する」、「児童・生徒に目が行き届かずにいじめが増えている」等の見出しの報道が多くみられた。

　しかし一方、（新聞報道ではみられなかったが）教員の仕事時間と同時に調査した「仕事に対する教員の満足度」に関するアンケート調査結果によると、「他の職業を選んでいた方が良かったかもしれないと思う」と回答している人の割合は、参加国の全体平均が35.4％であるのに対して、日本は５ポイント程低い30.5％であった（右図）。

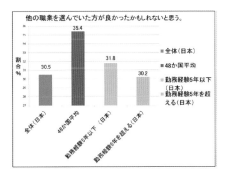

他の職業を選んでいた方が良かったかもしれないと思う。

割合％

- 全体（日本）　30.5
- 48か国平均　35.4
- 勤務経験5年以下（日本）　31.8
- 勤務経験5年を超える（日本）　30.2

■全体（日本）
■48か国平均
■勤務経験5年以下（日本）
■勤務経験5年を超える（日本）

また、「教員になったことを後悔している」と回答した教員の割合も低く（右図）、いずれの項目も勤務経験年数の高い教員ほど低い傾向にある。他の参加国と比較すると、日本の教員は、「勤務時間は長いが、教職の仕事に概ね満足していて、他の職業よりも魅力があると感じている」といえる（後述）。

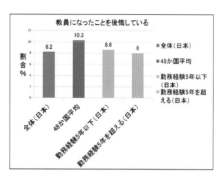

＊1）「OECD 国際教員指導環境調査（TALIS〈タリス〉）2018」TALIS: Teaching and Learning International Survey）は、国際比較可能な教育データを収集・分析し施策の検討に資することを目的に、教員等の勤務環境や学校の学習環境に関して実施している国際調査である。調査対象は中学校及び小学校の教員及び校長で、1か国につき中学校段階200校、小学校段階200校を抽出し、1校につき教員（非正規教員を含む）20名を抽出し、2008年に第1回、2013年に第2回、2018年に第3回調査と、5年ごとに実施している。調査内容は、「教員の勤務時間」の他に、「学習評価方法」や「教員の自己効力感（仕事に対する満足感）」、「変化や革新に対する対応」等についてである。第3回調査では、コア調査として中学校は48の国・地域、小学校はオプション調査として15の国・地域が参加し、2019年6月に結果を公表している。日本は第2回から参加している。第3回の日本の参加状況は、中学校（全国196校、校長196人、教員3,605人〈有効回答3,568人〉）、小学校（全国197校、校長197人、教員3,361人〈有効回答3,321人〉）であった。

⑶ 教師の働き方改革

文部科学省は、第2回「OECD 国際教員指導環境調査（TALIS）

2013」の結果（2014年6月公表）及び独自の「教員勤務実態調査
（2016〈平成28〉年度）」によって、日本における小中学校教員の勤務
時間が突出して長いことが明らかになったことから、2017年12月に
「学校における働き方改革に関する緊急対策」を取りまとめ、学校にお
ける働き方改革を強力に推進する方針を打ち出した。具体的には、教員
の負担軽減を目指して、①校長及び教育委員会は、学校において「勤務
時間」を意識した働き方を進めること、②全ての教育関係者が、学校・
教職員の業務改善の取組を強く推進していくこと、③国として持続可能
な勤務環境整備のための支援を充実すること、等の緊急提言を行い、教
員の働き方に関する改革を促した。

　しかし、2018年の第3回OECD
調査（TALIS）が行われる時点で
は、まだその効果は出ていない。
文部科学省スポーツ庁から**「運動
部活動の在り方に関する総合的な
ガイドライン」**が発出されたの
は2018年3月のことである（右
図）。

> **運動部活動の在り方に関する総合的なガイドライン**（要約）
> スポーツ庁　2018（平成30）年3月
> 1. 体制整備
> ○ 校長は、運動部活動の適切な指導・運営管理体制を構築し適正な
> 数の運動部を設置。各運動部の活動内容を把握の上、適宜、指
> 導・是正。
> ○ 学校の設置者は、部活動指導員を積極的に任用・配置。運動部顧
> 問及び管理職対象の研修を実施。
> 2. 合理的、効率的・効果的な活動の推進のための取り組み
> ○ 校長及び運動部顧問は、生徒の心身の健康管理、事故防止、体罰
> 等の根絶を徹底。
> 3. 適切な休養日等の設定
> ○ 学期中は週当たり2日以上の休養日、長期休業中は学期中に準じ
> た扱いを行うとともに、長期休養（オフシーズン）を設ける。
> ○1日の活動時間は、長くとも2時間程度、学校の休養日は3時間程度。

　このガイドラインでは、部活動
指導員（前述「1.教師の仕事」参照）の積極的な任用・配置や週当た
り2日以上の休養日を設けること等が打ち出された。

　部活動指導の在り方に関しては、文部科学省の「学校における働き方
改革推進本部」が、2023（令和5）年度以降、休日の部活動を段階的に
地域へ移行し、休日の指導や大会への引率は地域人材を活用する方向性
を示している。また、合理的で効率的・効果的な部活動を推進するた
め、複数校による合同部活動の推進等も求めている（2020年9月）。

　2019（平成31）年には文部科学省中央教育審議会 ＊1 から**「新しい時
代の教育に向けた持続可能な学校指導・運営体制の構築のための学校に
おける働き方改革に関する総合的な方策について」**（答申）が出されて
いる。この中では、学校における働き方改革の目的は、「教師のこれま

での働き方を見直し、自らの授業を磨くとともに、日々の生活の質や教職人生を豊かにすることで自らの人間性や創造力を高め、子どもたちに対して効果的な教育活動を行うことができるようになること」であるとし、教師が疲弊していくのであれば、それは子どものためにならないとして、実効性ある取り組みを具体的に行うことを示した。

　この答申では、教職員の勤務時間管理は校長や服務監督権者（教育委員会等）の責務 *2 であり、超過勤務時間の上限ガイドライン（月45時間、年360時間等）の実効性を高めることや学校及び教師が担う業務の明確化・適正化を図ること等が示され、更に、１年単位の「変形労働時間制」の導入の提案がなされた（右図）。

　この変形労働時間制に関しては、公立学校教員の勤務時間を年単位で調整する「変形労働時間制」の導入を柱とした**教育職員給与特別措置法（給特法）**の改正が2020年に行われた（次頁図）。

新しい時代の教育に向けた持続可能な学校指導・運営体制の構築のための学校における働き方改革に関する総合的な方策について　中央教育審議会答申（2019年1月）
（要約）

1. 勤務時間管理の徹底と勤務時間・健康管理を意識した働き方改革の促進
・勤務時間管理は、校長や服務監督権者である教育委員会等に求められる責務
・上限ガイドライン（月45時間、年360時間等）の実効性を高める

2. 学校及び教師が担う業務の明確化・適正化

基本的に学校以外が担う業務	学校の業務だが必ずしも教師が担う必要がない業務	教師の業務だが負担軽減可能な業務
・登下校対応 ・放課後から夜間などにおける見回りや児童生徒が補導された時の対応 ・学校徴収金の徴収・管理 ・地域ボランティアとの連絡調整	・調査・統計等への回答 ・児童生徒の休み時間における対応 ・校内清掃 ・部活動	・給食時の対応 ・授業準備 ・学習評価や成績処理 ・学校行事の準備運営 ・進路指導　他

3. 勤務時間制度の改革
・一年単位の変形労働時間制の導入

4. 働き方改革の実現に向けた環境整備
・スクールカウンセラー、スクールソーシャルワーカー、部活動指導員、授業準備や学習評価等を担うサポートスタッフ、スクールロイヤー等の配置活用促進

　このことによって、自治体の判断により2021（令和３）年４月から変形労働時間制を活用した「休日（夏休み）まとめ取り」が可能になった。文部科学省は、公立小中高等学校の教員が夏休みに休日をまとめ取りをしやすくするために、2019年６月「**学校における働き方改革の推進に向けた夏季等の長期休業期間における学校の業務の適正化等について**」（通知）を発出し、学校の夏季休暇中の業務を減らす指針を示している。しかし、2020年３月、新型コロナウイルスの世界的な感染拡大に伴い、日本においても小中学校及び高等学校の一斉臨時休業が相次ぎ、更に全国に「緊急事態宣言」が出され休業期間が長引く中で、児童生徒の学習の遅れが深刻な問題となった。５月に入り、徐々に緊急事態宣言は解除になったが、学習指導要領で示されているカリキュラムを履修するために、多くの学校が夏休み期間を短くしてその一部を登校日

公立の義務教育諸学校等の教育職員の給与等に関する特別措置法の一部を改正する法律の概要

（文部科学省HPから抜粋）

趣　旨

公立の義務教育諸学校等における働き方改革を推進するため、教育職員について一年単位の変形労働時間制を条例により実施できるようにするとともに、文部科学大臣が教育職員の業務量の適切な管理等に関する指針を策定及び公表することとする。

概　要

○ 我が国の教師の業務は長時間化しており、近年の実態は極めて深刻。

○ 持続可能な学校教育の中で教育成果を維持し、向上させるためには、教師のこれまでの働き方を見直し、子供たちに対して効果的な教育活動を行うことができるようにすることが急務。

○ このため、学校における働き方改革を推進するための総合的な方策の一環として、以下の措置を講ずるよう、公立の義務教育諸学校等の教育職員の給与等に関する特別措置法（給特法）の一部を改正する。

1. 一年単位の変形労働時間制の適用（休日のまとめ取り等）【第5条関係】

○ 夏休み等児童生徒の長期休業期間の教師の業務の時間は、学期中よりも短くなる傾向。

○ 学期中の業務の縮減に加え、かつて行われていた夏休み中の休日のまとめ取りのように集中して休日を確保すること等が可能となるよう、公立学校の教師については、地方公共団体の判断により、一年単位の変形労働時間制の適用を可能とする（※）。

※改正の内容
・一年単位の変形労働時間制を規定した労働基準法第32条の4（地方公務員は地方公務員法第58条により適用除外）について、公立学校の教師に対して適用できるよう、地方公務員法第58条の読み替え規定を整備する。
・その際、労働基準法において労使協定により定めることとされている事項（対象となる労働者の範囲、対象期間、労働日ごとの労働時間 等）については、勤務条件条例主義を踏まえ、条例により定めること読み替える。

2. 業務量の適切な管理等に関する指針の策定【第7条関係】

○ 公立学校の教師が所定の勤務時間外に行う業務の多くが、超過勤務命令によらないものであること等を踏まえ、文部科学大臣は、公立学校の教師の健康及び福祉の確保を図ることにより学校教育の水準の維持向上に資するため、教育職員の業務量の適切な管理等に関する指針を定めるものとする。

施 行 期 日

1. 一年単位の変形労働時間制の適用（第5条関係）については令和3年4月1日
2. 業務量の適切な管理等に関する指針の策定（第7条関係）については令和2年4月1日

（学習日）としている（「第5章　コロナ禍の中での学びの保障とコロナ後の教育」参照）。従って、2020年度の夏休みの「休日まとめ取り」は実質的に不可能となった。

*1) 中央教育審議会（略称「中教審」）は、30人以内の委員（有識者、任期2年〈再任可〉）で構成され、文部科学大臣の諮問に応じて教育の振興及び生涯学習の推進を中核とした豊かな人間性を備えた創造的な人材の育成に関する重要事項を調査審議し、文部科学大臣に意見を述べる（答申する）ことを目的とする。必要に応じて分科会や部会を設置している。教育制度分科会や初等中等教育分科会、大学分科会等がある。

*2) 2020（令和2）年12月に文部科学省が公表した「令和2年度　教育委員会における学校の働き方改革のための取組状況調査」による

と、IC カードやタイムカード等の記録による客観的な方法で勤務実態を把握している都道府県教育委員会の割合は、91.5％（前年度比25.5ポイント増）と前年度に比べて大きく伸び、適正な勤務実態の把握が全国的に進んでいることがわかった。

3．教師の職場

　学校は、民間の会社組織とは異なる組織から成り立っている。情報社会となって先行き不透明な時代といわれる現在、学校においては、いかなる新たな課題であっても柔軟かつ機動的、組織的に対応できる学校運営組織の創造が求められている。そこで近年、校長や教頭といったこれまでの役職（管理職）の他に新たな職を設け、学校を取り巻く多くの教育課題に迅速、的確に取り組むための組織体制の改革が行われてきた。ここでは、学校組織の特色及び学校と教育委員会との関係について述べる。

(1) 学校組織

①民間企業の会社組織と学校組織

　民間の会社組織においては、右図にみるように、「会長」や「社長」、「副社長」、「専務」、「常務」、「部長」等の役職・職階があり、その職務や責任に応じて組織における立場が異なる。

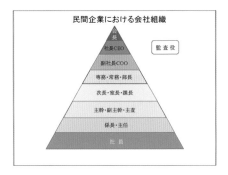

民間企業における会社組織

　管理職とは、労働現場において労働者を指揮し組織の運営に当たる者をいい、民間企業および行政職の公務員では「課長」以上がこれに該当するといわれている。
　一方、学校組織においては、校長－副校長・教頭－主任－教員という

組織系統で、校長・副校長・教頭、事務方の代表者である事務長が管理職に該当する。主任は法制度上は教員の指導・助言とされ、管理職には位置づけられていない。

学校組織は、民間企業はもとより一般の行政組織と比較しても、管理監督層が校長と副校長・教頭だけで、形が鍋蓋（凸）に似ていることから「鍋蓋型組織」といわれていた（右図）。

2007（平成19）年6月、学校組織の効率化及び活性化を目的として学校教育法が改正され（後述）、学校に副校長、主幹教諭及び指導教諭という新たな職を置くことができるとされた。

しかし、新たな職が設けられたものの、学校という職場は、校長や副校長・教頭など一部の役職を除けば職階による序列は明確ではなく横並びといってよい。もちろん、校務分掌上は、教務主任や生徒指導主事、学年主任といった主任がいたり、教職経験年数等による上下関係はあるが、民間企業のような指揮命令関係といった意味での「上下関係」はない。とはいえ、学校には学校行事をはじめあらゆる教育活動において、教職員全員が共通認識をもち、協働して効率的で効果的な運営に取り組まなければならないことが多いことから、仲間意識をもって密なコミュニケーションを行うことが重要であることはいうまでもない（後述）。

②学校の役職と職階

学校教育法第7条は、「学校には、校長及び相当数の教員を置かなければならない」と定め、学校の教職員に「校長」と「教員」の職階＊1を設けている。更に同法第37条では、「教員」の職階等の詳細を定めている（次頁図上）。

小学校や中学校、義務教育学校、高等学校、中等教育学校、特別支

援学校における主な職階は、校長、副校長、教頭、主幹教諭、指導教諭、教諭、講師である。他に、教諭の職務を助ける学校教職員として、助教諭、実習助手も置くことができる。また、学校教員として、養護教諭、養護助教諭、栄養教諭、司書教諭も置かれている。

*1) 教員の職階とは、主幹教諭や指導教諭等、学校において教員が担当する具体的な役職の階級をいう。

③学年と校務分掌

　学校には学校運営上必要な校務*2を手分けして受け持つ校務分掌組織と、教授・学習活動を主に行う学年・教科組織がある（下図参照）。

　教員の校務分掌や学年配置は、学校の教育ビジョンや学校教育目標に基づいて、教員の適性（適材適所）や将来性（職能育成）、更には負担の軽重（負担均衡）等を踏まえて校長が決定する（学校管理規則：次頁図上参照）。

　校務分掌名は、学校種や学校の特色等によって異なる場合がある。

*2) 一般に校務とは次の事項をいい、学校管

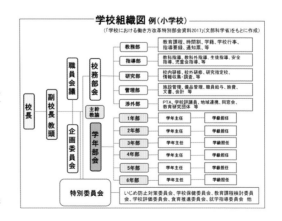

理規則で校長が所属職員を分担して割り振ることが定められている。

秋田県立高等学校管理規則(抜粋)

第十二条　校長は、校務を分掌する組織及び所属職員の校務分掌を定めるものとする。

2　前項の組織には、次の各号に掲げる事項を分掌する組織を置くものとする。
　一　学校行事の企画立案その他の総務に関する事項
　二　教育計画の立案その他の教務に関する事項
　三　学年の教育活動に関する事項
　四　生徒の保健管理に関する事項
　五　生徒指導に関する事項
　六　生徒の職業選択の指導その他の進路の指導に関する事項
　七　生徒会活動、クラブ活動等に関する事項

第十三条　校長は、学校教育長が定める学校を除く。)には次の各号に掲げる組織の区分に応じ、当該各号に掲げる主任又は主事を置き、これらの主任又は主事は教諭(保健主事にあつては、教諭又は養護教諭をもって充てるものとする。
　一　第十二条第二項第一号に係る組織　総務主任
　二　第十二条第二項第二号に係る組織　教務主任
　三　第十二条第二項第三号に係る組織　学年主任
　四　第十二条第二項第四号に係る組織　保健主事
　五　第十二条第二項第五号に係る組織　生徒指導主事
　六　第十二条第二項第六号に係る組織　進路指導主事
　七　第十二条第二項第七号に係る組織　特別活動主任

(1)　教育課程に基づく学習指導などの教育活動に関する事務

(2)　教職員の人事管理に関する事務

(3)　児童・生徒管理に関する事務

(4)　学校の施設・設備の保全管理、教材教具に関する事務

(5)　文書作成や会計事務などの学校の内部事務

(6)　教育委員会などの行政機関やPTA、社会教育団体などとの渉外（外部との交渉）に関する事務

④主任とその役割

1975（昭和50）年、学校教育法施行規則が改正され、主任制度が翌年から導入された（右図）。しかし、主任は独立した職ではなく、教諭をもって充て、教諭の職務の他に主任の職務を加えて行う

学校種別主な主任名

学校種別	主な主任名
小学校	教務主任、生活（生徒）指導主任、保健主任、学年主任、研究主任
中学校	教務主任、生活（生徒）指導主任、保健主任、学年主任、進路指導主任
高等学校	教務主任、生活（生徒）指導主任、保健主任、学年主任、進路指導主任、学科主任
特別支援学校	教務主任、生活（生徒）指導主任、保健主任、進路指導主任、学部主任

こととした。従って、校長や教頭（副校長）などの管理職とは異なり、他の教諭に対する指揮監督権はもっていない。

また、主任の発令は「任命」ではなく、校務分掌の一環として「職務命令」として発せられる。主任には、職務の困難性が高いものについて、教育業務連絡指導手当（通称「主任手当」）が支給されている。

⑤学校組織の活性化

　学校は、ともすれば同じような経験や知識・技能をもった均一な集団になりやすい。学校が、変化の激しい社会の中で求められる複雑多様な役割に対応し、質の高い教育活動を展開するためには、多様な知識や経験を持った人材を取り入れたり、そのような人材との関わりをもったりして、多様性と柔軟性を備えた組織になっていくことが望まれる。

　近年は、学校を専門的見地から支援する目的で、スクールカウンセラー（以下SC、1995年）やスクールソーシャルワーカー（以下SSW、2008年）、スクールロイヤー（SL、2018年）等の外部人材派遣制度が導入されている（「1．教師の仕事」参照）。

　学校内に外部の専門職が増える状況は、教員の働き方改革との関係からも今後更に広がることが予想される。教師はこうした動きを、子どもの成長発達に向けた支援を強化する機会として、更には自らの教師としての専門性を高める機会でもあるとして積極的に捉えることが大事である。SCやSSW等の外部専門職は、これまで教師が担ってきた支援を専門的見地から行うことになるが、教師には、これまで取り組んできた仕事を専門職に委託したと捉えるのではなく、課題を共有し協働して解決を図るという姿勢が求められる。そのことで児童生徒理解が更に深化し、教員の専門性も一層高まることが期待される。

　学校が自らの組織目標の達成をめざしながら、学校を取り巻く様々な教育課題に迅速に取り組むためには、個々の構成員が相互に連携し協働する体制を整えることが必要不可欠である。そのためには、組織の全ての構成員が目標を共有し、目標達成のための自己の役割と責任を自覚し、校務遂行能力を磨くことである。また、学校が期待される役割を担い、高いレベルで組織目標を成し遂げるためには、校長等管理職のリーダーシップとともに、組織内のコミュニケーションが重要である。つまり、校長から副校長、教頭、教員というトップダウンの指示、伝達だけではなく、教員から教頭、副校長、校長へのボトムアップによる情報伝達や企画提案が行われることが重要であり、そのためには、学年間や教科間、分掌間の水平的なコミュニケーションが日常的に行われ、情報共

有や課題共有等が十分に為されていることが必要である。教職員間のコミュニケーションは、学校としての意思決定の場面のみならず、あらゆる場面で重要である。日々の教育活動をより安全により円滑で効果的に行う上でも、また児童生徒の指導を公正・公平に行う上でも、更には、教職員の間で良好な人間関係を築く上でも大切である（右図）。

> ## 組織の活性化のために
> 1. 学校目標の共有化
> 2. 学校組織の協働体制
> 3. コミュニケーション

　教師一人ひとりの職能（職務遂行上の能力）発達は、その学校がどのような組織文化をもっているか、ということに大きく依存しているといわれる。つまり、活力に満ちあふれた学校なら、教師はいつも周囲（職場の同僚等）から元気をもらって前向きに頑張れるし教師としての資質・能力も磨かれる。しかし、沈滞ムードが漂う学校に長く勤めると、教師はいつの間にか消極的な体質を身に付けてしまい、知らず知らずのうちに後ろ向きの思考が働いてしまう。

　活力ある学校づくりには、管理職のリーダーシップとともに、教員一人ひとりの職務に対する自覚と真摯な姿勢が何よりも大事である。

「学校現場が多忙の中にあっても、じっくりと内省する機会を持つことが必要。どういう状態が望ましいのか、学校が今どこに向かって進もうとしているのかということを把握しようとする努力を怠れば、教育活動はただのルーティンになってしまう」と述べているのは、教育学者の古賀野卓である。

「問題を抱えた児童生徒を真に理解するためにどうしたらよいか？」、「高い学力を身に付けさせるためにどんな指導をしたらよいか？」、あるいは「学校行事を活性化するためにできることは何だろうか？」等々、課題意識をもって自問しながら職場の仲間と一体となって改善に取り組もうとする教師の姿勢や態度は、同僚や学校全体を巻き込み、働きやすい活気に満ちた職場づくりに繋がっていくに違いない。そしてそれが目

の前にいる子どもたちにも自ずから伝わり好ましい影響を与えるのである。

[参考・引用文献]
▪ 古賀野卓『学校における「組織学習」の考え方・進め方』教育開発研究所、2003

⑥学校数及び教員数、女性教員比率

　文部科学省は「2020年度　学校基本調査」（2020年5月1日現在）の速報値をまとめ公表した。調査結果によると、少子化の影響で学校数や在学者（児童生徒）数の減少傾向がみられる中、教員全体に占める女性の割合が、小中学校、義務教育学校、高等学校、中等教育学校及び特別支援学校で前年度比0.1〜1.3ポイント上昇して過去最高の割合を示した（右図）。今後もこの傾向は続くものとみられる。

校種別教員数及び女性教員比率 （2020年5月1日現在）			
学　校　種	学校数(校)	教員数(人)	女性比率(%)
小　学　校	19,526 [−212]	422,543 [+608]	62.4 [+0.1]
中　学　校	10,143 [−79]	246,788 [−37]	43.7 [+0.2]
義務教育学校	126 [+32]	4,567 [+1047]	54.4 [+1.3]
高　等　学　校	4,874 [−13]	229,244 [−2075]	32.5 [+0.2]
中等教育学校	56 [+2]	2,684 [+42]	35.2 [+0.5]
特別支援学校	1,149 [+3]	85,927 [+591]	61.9 [+0.3]

[　]内は前年度比較
（「2020年度「学校基本調査」(速報版)（文部科学省）をもとに作成）

　学校組織においては、すべての教職員が組織の一員として性差にかかわらず目標を同じくし、切磋琢磨し合い、コミュニケーションを取りながら様々な課題に向き合うことが必要とされる。

⑵ 学校と教育委員会

①文部科学省と教育委員会

　文部科学省（国）は、法律（「教育基本法」等）に従い、全国的な教育の機会均等及び教育水準の維持向上を図るため、教育に関わる制度の制定や全国的な基準の設定、教育条件の整備に対する財政的な支援等を行っている。一方、教育委員会（地方自治体）もまた法律の定めによ

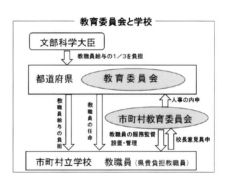

り、学校の設置管理、教育活動の支援を行うなど、文部科学省と教育委員会は、役割を分担しながら適正な教育事務を執行している。

　更に、文部科学大臣は、都道府県又は市町村に対し必要な指導や助言又は援助、調査を行ったり、資料又は報告の提出を求めたりすることができる、とされている（「地方教育行政の組織及び運営に関する法律」）。

②都道府県教育委員会と市町村教育委員会

　都道府県教育委員会は、市町村教育委員会に対し、国（文部科学省）と同様な関与が認められている。すなわち、都道府県教育委員会は、市町村教育委員会に対し、必要な指導や助言又は援助、調査を行ったり、市町村教育委員会相互の連絡調整を行ったり、資料又は報告の提出を求めたりすることができる。また、市町村立学校の県費負担教職員*¹の人事に関しては、市町村教育委員会の内申を受けて都道府県教育委員会が行うが、県費負担教職員の服務監督等については、地方分権推進の観点から、「技術的な基準」*²を設けることができる、としている。

*¹)　**県費負担教職員制度**：市町村立小中学校等の教職員は市町村の職員であるが、給与水準の確保と一定水準の教職員の確保を図り、教育水準の維持向上を図るため、その給与については都道府県の負担としている。身分は市町村の職員としつつ、都道府県が人事を行うこととし、広く市町村を超えて人事を行うことにより、教職員の適正配置と人事交流を図っている。

*²)「技術的」とは、主観的な意思又は判断を含まないとの意であり、「**技術的な基準**」とは、市町村教育委員会の内申や事前調査書、教

員が記入する人事異動希望書の書式や提出期限を定めることや交通
事故に関する取扱基準を定めること、などを意味する。

③学校と教育委員会

学校の設置者は、国、地方自治
体、学校法人に限られており、そ
の設置者が設置する学校を管理す
ると定められている（「学校教育
法」）。例えば、公立学校の管理は
設置者である地方自治体が行う
ことになっている（右図参照）。
従って、都道府県や市町村には学

学校の設置者

学　　校	設　置　者
公立小中学校	市　　町　　村 （都道府県）
公立高等学校 特別支援学校	都　道　府　県 （市町村）
私　立　学　校	学　校　法　人

校の管理機関として教育委員会が置かれている。しかし、教育委員会
は、学校の管理運営を全て行うのではなく、その多くを校長に委ねてい
る。学校の管理運営に関して、何をどの程度まで校長に任せるかについ
ての基本的事項は、各教育委員会の「学校管理規則」で定めている。

公立学校は設置者（地方自治体〈教育委員会〉）の管理の下にあるが、
実質的には学校が主体性をもって自ら運営すべき存在であり、教育委員
会との良好な関係を保ちつつ協働していくことが求められている。

４．教員の待遇（給与、休日、福利厚生）

教員の勤務は、創意と自発性に期待された特殊なものであるとされ、
教員給与は、一般の公務員よりも高い水準に設定されている。また、休
日や休暇も法律等で定められ保障されている。

⑴ 給与

教員には、正規の勤務時間に対する報酬である**給料**と、扶養手当や通
勤手当、住居手当等の**諸手当**を含んだ**給与**が支給される（つまり、給料

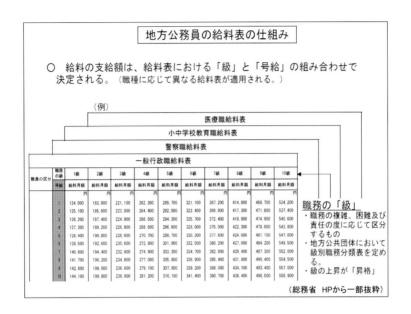

は、給与の中から諸手当を除いたものである）。

　教員の給料は給料表に基づいて支給される（上図参照）。給料表は、「学校職員の給与に関する条例」によって学校種別に定められ、職務の級（１級〜４級）と号級で構成されている。教員は職務の級（教諭は２級）で、その級内の号級（給料月額）を受けることになる。

　人事委員会（第三者機関）は、毎年少なくとも一回、教職員の給料表が適当であるかどうかを地方自治体の議会と長に報告することになっている。そして民間企業との格差等の諸条件の変化によって給料額を増減することが適当と認められるときは、増減を勧告する事ができる（人事委員会勧告）。

　現在、教員には、職務と勤務態様の特殊性を考慮して「**教職調整額**」（給料月額の４％）が全ての教員に一律に支給されている。従って、勤務時間外の教育活動に対して教員に超過勤務手当（残業手当）が支給されることはない。

　ただし、週休日（後述）に部活動の指導に従事した場合や週休日に行

う対外競技会等への生徒引率、学校行事として行う修学旅行や勉強合宿等の宿泊を伴う業務等については、教員特有の特殊勤務として「教員特殊業務手当」が支給される（教職調整額の上乗せ的性格をもつ）。

右図は、2018年に総務省と人事院が行った調査をもとに関係職種別の初任給及び平均給料の比較を試みた表である。

一般に、教員の給与は、給料月額の水準が高いうえに教職調整額等の手当が支給されるため、一般の公務員よりも高い水準にある。また、公立学校の教員の給料は、民間企業のように景気や業績に左右されることがないため、年齢と共に緩やかな右肩上がりで安定性があるともいえる。

関係職種別の初任給及び平均給料月額（経験年数）			
職		初 任 給	平均給料月額（平均経験年数）
一般行政職	全国平均	184,574	325,910 (18.5)
	秋 田 県	179,643	328,632 (18.7)
小・中学校教諭	全国平均	206,089	360,299 (21.2)
	秋 田 県	201,115	400,852 (26.0)
高等学校教諭	全国平均	206,089	382,045 (21.7)
	秋 田 県	201,115	404,107 (23.5)
＊民間：大学卒 事務員		200,888	＊事務係員 ＊＊327,347 (36.5)
＊民間：大学卒 技術者		204,160	＊技術係員 ＊＊366,403 (35.9)
＊民間：大学卒 研究員		211,336	

「2018年(平成30年)4月1日地方公務員給与実態調査結果」(総務省)及び
＊「2018年(平成30年)職種別民間給与実態調査結果」(人事院) をもとに作成
＊＊平均基本給月額 （ ）内数字は平均年齢

⑵ 週休日と休日

「週休日」とは、労働基準法に規定する休日にあたり、勤務する義務を課せられていない日（正規の勤務時間を割り当てられていない日）である。通常、土曜日と日曜日が「週休日」とされている。週休日に特に勤務を命ずる必要がある場合は、**週休日の変更**ができる。例えば、日曜日に部活動の対外試合の引率をした場合などは週休日の変更（振替）が認められる。

「休日」とは、特に勤務することを命じられた場合を除き、正規の勤務時間においても勤務することを要しない日をいい、国民の祝日に関する法律で定められている「休日」や年末年始（12月29日から翌年の１月３日まで）などが「休日」とされている。休日に勤務を命ずる場合、当該休日に変わる日を**代休日として指定**することができる。

38

⑶ 休暇

「休暇」とは、一定の事由（病気等）がある場合、職員が任命権者の承認を得ることにより勤務することを一時的に免除される制度をいう。休暇には「年次有給休暇」や「病気休暇」、「特別休暇」、「介護休暇」等がある。休暇のうち「介護休暇」は無給であり、また「病気休暇」は１回につき原則として引き続く90日、「特別休暇」のうち「生理休暇」は１回につき引き続く２日を超える日数について無給となる。それ以外の休暇は有給である。

「年次有給休暇」は、職員の心身の疲労を回復させ、労働力の維持培養を図ることを目的として、原則として職員の請求する時季に与えられる年間一定日数の休暇をいう。日数は、採用年の採用の月に基づいて一定日数が付与され、２年目以降は一律に20日が付与される。「年次有給休暇」を使用しない場合は、次年度に持ち越されて最大で40日が付与される。

「年次有給休暇」の利用目的には特に制限がなく、病気療養やレクリエーションへの参加など自由に利用できる。また、教職員の請求する時季に与えなければならないものとされているが、請求される時季に休暇を与えることが「職務に支障がある」と認められる場合は、任命権者が他の時季に変更するよう指示できるとされている。

⑷ 福利厚生

　公立学校教職員には独自の福利厚生団体や組合があり、福利厚生事業を展開している（私立や国立の学校も同様である）。

　全国47都道府県に「**公立学校共済組合**」の各支部が設立され、全国の公立学校の教職員及びその家族の生活の安定と福祉の向上に寄与するとともに、公務の能率的運営に資することを目的として各種事業を行っている（次頁図参照）。

　また、教職員の福祉の向上と教育振興に寄与することを目的とした

公立学校共済組合 HP から抜粋

「日本教育公務員弘済会（略称：日教弘）」も全国的に組織されている。「日教弘」は平成24年4月に内閣府より「公益財団法人」の認定を受けて教育振興事業（奨学事業・教育研究助成事業・教育文化事業）並びに福祉事業の質的・量的拡充を図っている。

5．教職の魅力と適性

　何を魅力と感じてその職業に就くか、あるいは就いたか、ということには個人差がある。とはいえ、将来の職業を選択するにあたって、実際、その仕事に就いて働いている人の声に耳を傾けることは大切なことである。

　職業として「教職」を選んだ多くの教師の「声」を聴くことは、「教職」に関心を持って学ぼうとしている皆さんには大いに参考になることと思う。

　本節では、国際調査における日本の教員の「教員をめざした動機」や「仕事の満足感」を世界の教員と比較することを通して教職の魅力について考察する。また、現場の教員の生の声を紹介するとともに、教師の

適性についても考察する。

(1) 教職の魅力

①教員になる際の動機

　右図は、「教員環境
の国際比較 ―OECD
国際教員指導環境調
査（TALIS）2018 報告
書―」*1の「第4章　教
職の魅力　4.1 教員にな
る際の動機」のデータを
もとに作成したものであ
る。

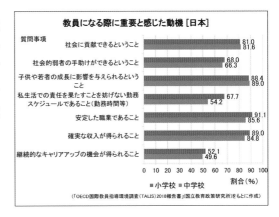

　この調査においては、
教員になる動機として7項目を挙げて選択回答させている。

　日本の中学校教員が教員になる動機として最も高く位置付けたの
は「教職に就けば、子供や若者の成長に影響を与えられるということ」
（89.0％）である。二番目に割合の高い動機は「安定した職業であるこ
と」（85.6％）、次いで「確実な収入が得られること」（84.8％）である。
小学校教員では「安定した職業であること」（91.1％）が最も高く、次い
で「確実な収入が得られること」（89.0％）が高い。日本では、小中学校
とも、職業の安定性や確実な収入が得られることが動機として重視され
ている。

　一方、OECD参加国平均（中学校）では、日本同様、「教職に就け
ば、子供や若者の成長に影響を与えられるということ」が最も高い割合
（93.2％）を示している。二番目が「教職に就けば、社会に貢献できる
ということ」（88.2％）、三番目が「教職に就けば、社会的弱者の手助け
ができるということ」（74.7％）である。

　調査では、「勤務経験5年以下（以下5年以下）」の教員と「勤務経験

５年を超える（以下５年超）」教員が回答した割合も比較している。日本の中学校教員において勤務経験によって顕著な差が出たのは、「教職に就けば、社会的弱者の手助けができるということ」（５年以下60.4%、５年超67.9%）、「教職に就けば、社会に貢献できるということ」（５年以下75.8%、５年超83.2%）であり、これらはいずれも統計的に有意な差である。このことから教職経験を重ねることによって、学校と社会の関わりの深さが実感となって理解されているということが推察される。

　TALIS 2018では、教員が第一志望の職業であったかについても回答を求めている。

　日本の中学校教員は、参加国平均と比較して、教職が第一志望の職業だったと回答した割合が10ポイント以上高い（日本：81.5%、参加国平均：68.9%）。男女別では日本の男性教員が83.4%（参加国男性教員61.9%）であるのに対して日本の女性教員が78.9%（参加国女性教員71.6%）と日本では男性教員のほうが高い。また、年齢別では、50歳以上の教員に比べて30歳未満の教員の方が、第一志望であったと回答した割合が高い。

②仕事に対する教員の満足度

　次頁図は、「教員環境の国際比較 ─ OECD国際教員指導環境調査（TALIS）2018報告書─」の「第４章　教職の魅力　4.10 仕事に対する教員の満足度」のデータをもとに作成したものである。

　日本の中学校教員の仕事の満足度に関する回答で特に高い割合の項目は、「全体としてみればこの仕事に満足している」（81.8%）、「現在の学校での仕事を楽しんでいる」（78.4%）、「教員であることは悪いことより良いことの方が明らかに多い」（73.9%）となっている。OECD参加国平均はそれぞれの項目に対して、90.2%、88.8%、75.1%である。OECD参加国平均で最も高い割合を示した項目は「現在の学校での自分の仕事の成果に満足している」が92.7%で、日本の49.0%とは大きな開きがある。このことについて報告書では、「日本の教員が他国の教員に比べ、高い水準を目指しているために自己評価が低くなっている可能性や、実

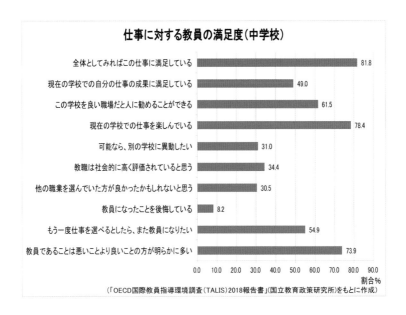

仕事に対する教員の満足度（中学校）

全体としてみればこの仕事に満足している	81.8
現在の学校での自分の仕事の成果に満足している	49.0
この学校を良い職場だと人に勧めることができる	61.5
現在の学校での仕事を楽しんでいる	78.4
可能なら、別の学校に異動したい	31.0
教職は社会的に高く評価されていると思う	34.4
他の職業を選んでいた方が良かったかもしれないと思う	30.5
教員になったことを後悔している	8.2
もう一度仕事を選べるとしたら、また教員になりたい	54.9
教員であることは悪いことより良いことの方が明らかに多い	73.9

割合%

（「OECD国際教員指導環境調査（TALIS）2018報告書」（国立教育政策研究所）をもとに作成）

際の達成度にかかわらず謙虚な自己評価を下している可能性」があるか
も？　と分析、指摘している。日本人の特性を考えるとその可能性は大
いにあるだろうと思われる。

　一方、日本の中学校教員が回答した中で低い割合となった項目は、
「教員になったことを後悔している」（8.2％）、「他の職業を選んでいた方
が良かったかもしれないと思う」（30.5％）である。いずれも参加国平均
はそれぞれ、10.3％、35.4％であり、これらはOECD参加国平均よりも
低く、国際的にみると、日本の中学校教員は概ね仕事に満足して、教員
としての仕事を楽しんでいることがわかる。

＊1）「OECD（経済協力開発機構）国際教員指導環境調査（TALIS〈タリ
　　ス〉）2018」（TALIS: Teaching and Learning International Survey）は前
　　述したように（「2. 教師の働き方」）、日本を含めた48の国・地域
　　の前期中等教育及び初等教育（初等教育は15の国・地域）の教員が
　　参加。日本は前期中等教育（中学校）196校の校長及び3,568人の教
　　員、初等教育（小学校）197人の校長及び3,321人の教員から有効な

回答を得ている。

［参考・引用文献］

▪ 国立教育政策研究所『教員環境の国際比較 ― OECD 国際教員指導環境調査（TALIS）2018 報告書 ―』ぎょうせい、2019

③現職教員の声

文部科学省では、小冊子『教員をめざそう！』を発行し、全国各地の教職に就いて間もない若い教師の生の声を掲載している。以下は、その小冊子からの抜粋である。

■教員の魅力

教員の仕事は、毎日が変化の連続です。「今日はこんなことができた、じゃあ次はこれをやってみよう！」と考えながら授業をすると、生徒も応えてくれます。生徒の言葉で、新たな発見をすることもあります。人とかかわる仕事なので、思い通りにうまくいかない時ももちろんあります。それでも、毎日新しいことにチャレンジし続けることができ、生徒と共に自分も成長できることが魅力です！（岩手県女性）

■向上心を持って……

現在の職場にも素晴らしい先生方がたくさんいます。技術も経験も浅い私は、そのような先輩方を見ながら、自分にもできそうなことを真似ることから始めました。今はそれらを吸収しながら、自分自身のスタイルを探している最中です。社会は急激に変化しており、生徒の実態も多様化している現代、先輩の教員から教わった「学ばざるもの教えるべからず」という言葉を胸に、決して自分の現状に満足することなく教壇に立っています。(埼玉県男性)

■教員というチームとして

生徒たちの成長を考え、真正面から教員同士の意見をぶつけ合うと

き。一人では解決できない問題に、教員というチームで共に取り組んでいくとき。自分たちの資質を高めようと前進し、共に学び、働く仲間として認め合えたとき。たくさんの場面で教員というチームの連帯感で熱くなります。

　さまざまな学校で、生徒、保護者、教員、地域の人々とかかわり合い、多くのことを学んでいけるのがこの職業であると私は考えます。教員という職業は人とのかかわり合いの中で己を成長させることができる、非常に魅力ある職業です。これからもこの職業を通してさまざまなことを学び、感じ、生きていきたいと強く思います。（秋田県男性）

■教員の魅力
　子どもたちの瞳は輝いていて、未来に希望が広がっています。その希望を実現していくために必要な学力を培い、人間性を育んでいく仕事をする中で、時には立ち止まることや、悩むこともあります。でも、かけがえのない一人ひとりの子どもを尊び、その成長を望む気持ちをもって関われば、子どもたちは、必ずその姿をもって応えてくれます。そんなとき、教員として大きな感動と何とも言えない充実感を味わうと同時に、自分自身が、人間として成長し続けていく喜びも味わうことができるのです。（京都府女性）

■教師の魅力
　人格が形成される大切な時期に、子どもの成長を手助けできること、それは幼稚園教諭の大きな魅力です。責任も重い仕事ですが、子どもたちと過ごす日々は毎日が新鮮です。一緒に泣いて、一緒に笑って子どもと過ごす生活が私自身を成長させてくれます。（神奈川県女性）

■やり甲斐のある職業
　私は大学卒業後、会社員となりました。入社３年目の頃、仕事を続けることに迷いが生じてきました。日々、売り上げや利益を考える営業職に働きがいを感じられなくなったのです。そこで教員への転職を決意し

ました。教育実習で教えた生徒に「教員に向いている」と言われたことがずっと胸の底にあったからです。その言葉に支えられ、「自分は教員に向いているのでは」と信じる（錯覚する？）ことができました。教員は人間相手なので日々悩みますが、「先生の授業、楽しいから来年も担当して下さい」などと言われると頑張る勇気が湧いてきます。卒業した生徒が会いに来ると素直にうれしく感じます。子どもたちの反応がびんびんに伝わるおもしろさがあります。

　教員は苦労も多く責任も重い職業ですが、感動も多く、一生涯続ける価値のある仕事だと思っています。（佐賀県男性）

［参考・引用文献］
▪ 文部科学省『教員をめざそう！』

(2) 教職の適性

　如何なる職業においても、仕事を通して人は職業人として育ち、育てられる。教職に就くことで教師も教師らしく育っていく。確かに、教師として必要とされる「人格的な特性」をもち、教育専門職として研鑽を積み重ねるならば、教師としての資質・能力も磨かれ、真に影響力のある立派な教師になるに違いない。一方、そうした基本的な特性が備わっていない場合は、教職に就いてから苦労することになるだろう。

　最初から教師として必要な資質・能力が完璧に備わっている人はいない。教職生活の中で育ち育てられ磨かれていく資質・能力も多くある。ここでは教職をめざす人に基本的に必要とされる「人格的な特性」と、教職生活において求められる「資質・能力」をともに「適性」として考察することにする（右図）。

教職の適性
○　**必要とされる人格的特性** ・子どもが好き・教えることが好き（伝えたい思い） 　（教育的愛情、教育者としての使命感・情熱、等） ・公平・公正、勤勉、責任感、思いやり、誠実 ・協調性や忍耐力、向上心 　（教師として、人間として自らを高めようとする姿勢）
○　**求められる資質・能力** ・人間の成長や発達についての理解 ・教科等に関する専門的知識 ・同僚・保護者等とのコミュニケーション能力 ・広く豊かな教養

①必要とされる人格的な特性

　人格的な特性として３点挙げる。

　教職において最も大切で特徴的な適性は、「**子どもが好き**」だということである。子どもが好きだからこそ子どもを大切にでき、必要なときには本気になって叱ることもできるのである。子どもの成長を自分のことのように喜ぶこともできるのである。もちろん「**教えることが好き**」ということも大切なことである。教えることが好きで、子どもにとって必要なことを「伝えたい、分かって欲しい」という強い思いがあれば、様々な工夫をして伝え、理解してもらおうとする努力を惜しむこともないだろう。

　「**子どもが好き**」、そして「**教えることが好き**」ということが、教師を志す人にとっては不可欠な絶対的必要条件である。

　教師は児童生徒の学力を育てながら人間的成長を支える教育者である。教育者としての役割を果たす上で大切なことは信頼関係である。子どもやその保護者と教師との信頼関係は、**公平・公正**や**勤勉、責任感、思いやり**や**誠実、慎み深さ（謙虚さ）**といった人格的特性の上に成り立つ。こうした特性は、教職に就いてから自然に身に付くものではなく、一人の人間として（教職に就く前に）身に付けているべきものである。こうした特性は、教職に限らずあらゆる職業人に必要とされるものではあるが、信頼関係を基盤とする教育にあっては特に重要で必要不可欠なものなのである。

　また、教育活動の中では、学校としてのチーム力、協働体制が問われる場面も数多くある。一人では効果的な教育指導を行うことに限界もある。従って、仲間や同僚と協働して事に当たることのできる「**協調性**」が教職にとって必要な「適性」の一つとなる。更に、教職の仕事は、教師が頑張ったからといってすぐに成果がでることは稀（まれ）であり、場合によっては指導の成果がでるのが数年後だったり、指導したことが成果として形に現れなかったりすることもある（「第６章　教職の特殊性」参照）。それでも強い精神力、「**忍耐力**」をもって必要な努力を積み重ねることが大切である。

教師には、教職生活全体を通じて学び続ける存在であることが求められる（「第３章　学び続ける教師」参照）。変化の激しい社会においては、現在、学んでいる（教えている）知識や技術がすぐに古くなって更新すべき知識・技術となりかねない。従って、教師として絶えざる研究と修養（「**研修**」）、人間として常に自らを高めようとする姿勢（「**向上心**」）を持ち続けることが必要とされるのである。

　これまで述べてきた「**子どもが好き**」、そして「**教えることが好き**」、「**公平・公正**」や「**勤勉**」、「**協調性**」や「**向上心**」等は、前述したように教師になって自然に身に付くものではなく、教師になる前に身に付けているべきものである。こうした特性は、教育的行為を行う際に顕在化するかどうかにかかわらず教師には常に求められるものであり、時には暗黙的に滲み出るように表れるものなのである。

②求められる資質・能力

　教員に求められる資質・能力の中には、教職生活を通して更に磨きあげるべきものもある。

　例えば、「**人間の成長や発達についての理解**」や「**教科等に関する専門的知識**」は、もちろん、教師になる際にある程度は必要であるが、実際、教育現場の中での経験や研修を重ねることでより深くなっていくものである。そうした知識や理解をより深めるためにも、基盤となる「教育的愛情」、「向上心」が備わっていることが不可欠なのである。

　また、人間関係に関わる資質・能力として、「**コミュニケーション能力**」が意思疎通を図り信頼関係を築く上で大切な能力である。子どもや保護者、地域住民、もちろん職場内での適切なコミュニケーションが、相互の良好な人間関係、信頼関係を保ち、学校という組織目標を共有して教育成果を挙げる上で必要不可欠である。この「コミュニケーション能力」は後天的に鍛えられる。当初コミュニケーションを苦手としていた新任教師が、子どもや保護者との関わりを通して自信を持ち、積極的に意思疎通を図り信頼関係を結ぶ例は少なくない。もちろん本人の自覚と努力が必要なことは言うまでもない。

　保護者は、愛おしい我が子を**安心・安全**な学びの場として学校に送り出し、豊かな学びを通して成長することを期待している。教師にはその期待に応える責務がある。学校で働く教師は、１年目の新米教師であっても、数十年経験しているベテラン教師であっても、児童生徒の前に立てば同じく「先生」である。それは保護者にとっても同様である。教師になって日が浅いからとか、ベテランだからといって「先生」を評価してはいない。児童生徒や保護者は、熱心な「先生」、信頼できる「先生」を求めている。信頼の基盤となる適性を身に付け、教職生活を通して研修を重ね、更に豊かな教養を身に付け、求められる資質・能力に磨きをかけてもらいたい。

　第２章では、教職に就くための手立て（進学・就職）について述べる。

第2章 憧れから確かな志望に ─教師になる！─

　教員になるためには、希望する学校種、つまり幼稚園、小学校、中学校、高等学校、特別支援学校それぞれの教員免許状が必要である。これらの教員免許状は、大学において**学士**等*1の基礎資格を得るとともに、文部科学大臣が認定した課程において所定の単位を修得した者に対して都道府県教育委員会が授与している。

　しかし、教員免許状を取得するだけでは教員にはなれない。都道府県または政令指定都市が設置している公立学校の正規教員（教諭）になるためには、都道府県または政令指定都市の教育委員会が実施する教員採用試験（正式には「教員採用候補者選考試験」）を受験し合格する必要がある。

　本章では、大学における教員養成の原則と、教員免許状の種類、その取得のために必要な修得科目、更には教員採用試験の現状等について述べる。

*1)「**学士**」とは、主に4年制大学を卒業した者に与えられる学位である。更に大学院の修士課程を修了した者に「**修士**」、博士課程で博士号を授与されれば「**博士**」という学位が与えられる。

1. 教員免許制度

⑴ 大学における教員養成の原則

　教員の養成は、大学における養成が基本であり、文部科学大臣による教員養成課程としての認定を受けた一般大学・学部と教員養成系大学・学部が行っている。

　大学において教職課程を履修せずに卒業した場合でも、通信教育や科目等履修生制度を利用して必要な単位を修得したり、教員資格認定試験

に合格したりすることなどで、免許状を取得することも可能である。教員資格認定試験の制度は、「広く一般社会に人材を求め、教員の確保を図る」ことを目的として、教職課程を修了していなくても教員としての資質・能力を有する者に教員免許を与える機会を設けるためのものである。現在のところ「幼稚園教員資格認定試験」、「小学校教員資格認定試験」、「特別支援学校教員資格認定試験」の３学校種の試験が教員資格認定試験として行われている。

(2) 教員免許制度

　教員免許状には、「普通免許状」、「特別免許状」、「臨時免許状」があり、都道府県教育委員会から授与される（右図）。

「普通免許状」には、学位と修得単位数によって、専修免許状、一種免許状、二種免許状の３種類がある（高等学校には二種免許状はない）。

```
          教員免許状の種類
① 普通免許状
  *有効範囲:すべての都道府県
   有効期間:10年
    種類:専修免許状   修士(大学院卒)
       一種免許状   学士(学部卒)
       二種免許状   短期大学士(短期大学卒)
② 特別免許状(担当教科に関する専門的知識・技能)
  *有効範囲:授与を受けた都道府県
   有効期間:10年
③ 臨時免許状(普通免許状を有する者を採用できない場合の特例)
  *有効範囲:授与を受けた都道府県
   有効期間:3年

  *教員として勤務できる地域
```

「特別免許状」は、教員免許状を有しないが、優れた知識と経験を有する社会人を学校現場へ迎え入れるために授与される免許状である。授与条件は、専門教科に関する専門的な知識と経験や技能を有することなどである。

「臨時免許状」は、教育委員会が普通免許状を有するものを採用できない場合に限り、例外的に授与される助教諭の免許状である。

　いずれの免許状にも有効期間が設けられている（上図及び「第３章 学び続ける教師　４．教員免許更新制」参照）。

　また、教員免許状は、前述したように幼稚園、小学校、中学校、高等学校、特別支援学校の各学校種ごとに分かれており、更に中学校や高等学校では教科別に分かれている（特別免許状は小学校も教科別である）。

例えば、小学校の場合は、小学校教諭の普通免許状を所持していれば国語や理科などの全教科を教えることができるが、中学校の場合は、理科を教えるには中学校の理科の免許状が必要で、社会を教えるには中学校の社会の免許状が必要となる。そのため、教員をめざす場合には、どの学校種のどの教科を教えたいのかを予め考えて免許状を取得する必要がある。ただし、複数の免許状を取得することも可能である。

(3) 教員免許状取得に必要な修得科目

　免許状を授与されるためには、大学において、①教科及び教科の指導法に関する科目、②教育の基礎的理解に関する科目、③道徳、総合的な学習の時間等の指導法及び生徒指導、教育相談等に関する科目、④教育実践に関する科目、⑤大学が独自に設定する科目、⑥その他の科目　について学校種等に応じた単位数を修得する必要がある（「教育職員免許法施行規則」）。

　例えば高等学校教諭一種免許状（数学）の取得に必要な科目等は下図のようになる。

①教科及び教科の指導法に関する科目

「教科（数学）及び教科（数学）の指導法に関する科目」では、教科（数学）の内容に関する学問領域の専門的知識や技能を修得し、その指導法について学ぶ。例えば、高等学校数学の一種免許状を取得するためには、「代数学」、「幾何学」、「解析学」等を学ぶことになる。

高等学校教諭一種免許状（数学）取得に必要な科目等
①数学及び数学の指導法に関する科目　（24単位）
「代数学」、「幾何学」、「解析学」、「確率論・統計学」、「コンピュータ」
②教育の基礎的理解に関する科目（10単位）
「教育の理念並びに教育に関する歴史及び思想」、「教職の意義及び教員の役割・職務内容」、「教育に関する社会的、制度的又は経営的事項」、「幼児、児童及び生徒の心身の発達及び学習の過程」、「特別の支援を必要とする幼児、児童及び生徒に対する理解」、「教育課程の意義及び編成の方法」
③道徳、総合的な学習の時間等の指導法及び生徒指導、教育相談等に関する科目（8単位）
「道徳の理論及び指導法」、「総合的な学習の時間の指導法」、「特別活動の指導法」、「教育の方法及び技術」、「教育相談」、「進路指導及びキャリア教育の理論及び方法」
④教育実践に関する科目（5単位）
「教育実習」(3単位)と「教育実践演習」(2単位)
⑤大学が独自に設定する科目（12単位）
⑥その他の科目
「日本国憲法」「体育」「外国語コミュニケーション」「情報機器の操作」

②教育の基礎的理解に関する科目

「教育の基礎的理解に関する科目」では、「教育の理念並びに教

育に関する歴史及び思想」、「教職の意義及び教員の役割・職務内容」、「教育に関する社会的、制度的又は経営的事項」、「幼児、児童及び生徒の心身の発達及び学習の過程」、「特別の支援を必要とする幼児、児童及び生徒に対する理解」、「教育課程の意義及び編成の方法」について学ぶ。

③道徳、総合的な学習の時間等の指導法及び生徒指導、教育相談等に関する科目

「道徳、総合的な学習の時間等の指導法及び生徒指導、教育相談等に関する科目」では、「道徳の理論及び指導法」、「総合的な学習の時間の指導法」、「特別活動の指導法」、「教育の方法及び技術」、「教育相談」、「進路指導及びキャリア教育の理論及び方法」の科目の単位を修得することになる。

④教育実践に関する科目

「教育実践に関する科目」は、「教育実習」と「教育実践演習」からなる。「教育実習」は、実際に学校現場に出て実践的指導力を身に付けるだけでなく、自らの適性や進路を考える貴重な機会となる。

「教育実践演習」は、教員として最小限必要な資質・能力を習得したことを確認するための科目として、平成22年度大学入学生から最終学年で学ぶ科目として設けられている。

⑤大学が独自に設定する科目

「大学が独自に設定する科目」では、各大学が「教科（領域）に関する専門的事項」の科目を設定している。

⑥その他の科目

「その他の科目」としては、文部科学省令で定められている「日本国憲法」、「体育」、「外国語コミュニケーション」、「情報機器の操作」があり、そこから選択することになる。

※介護等体験

小学校または中学校の免許状を取得するためには、社会福祉施設や特別支援学校等における7日間以上の介護等の体験が必要である。

文部科学省では、「平成31年4月1日現在の教員免許状を取得できる大学」及び「令和2年4月1日から教員免許状を取得できる大学」の一覧を次に掲載している。

https://www.mext.go.jp/a_menu/shotou/kyoin/daigaku/1286948.htm
https://www.mext.go.jp/content/1286672_1.pdf

（総合教育政策局教育人材政策課教員免許企画室）

2．教員採用試験

公立学校の教員採用試験の受験資格は、校種や教科、自治体によって異なり、自治体の中には特例選考を用意している場合も多くある。教員採用試験を受験する際には、前提として、受験する校種や教科の教員免許状を取得済み、もしくは取得見込みである必要がある。また、自治体によって受験可能な年齢に上限を設けている場合があり、その制限は校種や教科によって異なる場合もあるため確認が必要である。近年は様々な経験を有した人を教員に採用することを目的として、年齢制限を緩和したり廃止したりする自治体も増えてきている。

また、国立大学附属学校や私立学校の教員は、各学校・法人単位で採用が行われており、原則として各学校・法人の採用試験を受けることになる。ただし、多くの国立大学附属学校の教員は、直接採用されず、教育委員会との人事交流によって採用されている。私立学校については、学校によって異なるが、教員適性検査等を受検して名簿に登録され、その後面接等を経て採用されるという方法などもある。

ここでは、公立学校の教員採用に関して概要を説明する。

⑴ 全国の教員採用試験

　公立学校の教員採用試験は、都道府県・政令指定都市教育委員会がそれぞれ実施している。多くの教育委員会では、学校種別、教科別に選考が行われ、選考に合格して採用されると地方公務員となる。

①試験科目等
　教育委員会によって試験科目・内容は異なるが、概ね次の通りである。

　　　○筆記試験……一般教養試験
　　　　　　　　　　　教職教養試験（教育原理、教育心理、教育史、教育時事、教育法規等）
　　　　　　　　　　　専門教養試験（教科に関する内容）
　　　○面接試験……集団面接や個人面接等の方法で行われる
　　　○論文試験……教師としての考え方や資質、人物像を総合的に評価し、適性をみる
　　　　　　　　　　　「書く面接試験」ともいわれ、知識や論理性、表現力、教師としての熱意が求められる
　　　○実技試験……小学校教員や、中学校・高等学校の保健体育・音楽・美術・家庭科・英語の教科の受験者には実技試験が実施される。具体的には、水泳やピアノ演奏、英会話など教科等に関する実技試験が課される場合がある
　　　○模擬授業……授業の導入部分や学級の指導などを制限時間内で模擬演技をする
　　　　　　　　　　　指導案の作成を求められる場合もある
　　　○適性検査……教員の資質として要求される特性について、客観的に調べるために適性検査（クレペリン検査・YG性格検査他）が実施されることがある

他にも、集団討論やロールプレイング形式の場面指導等、様々な試験が課される場合がある。

　都道府県・政令指定都市教育委員会では、個性豊かで多様な人材を確保するとともに、選考において教員としての資質などを適切に判断できるように、試験内容の工夫改善を図っている。特に近年は、受験者の人物（適性、資質・能力）を重視する傾向にあり、面接の比重を大きくするため面接試験を複数回実施する自治体も多くなってきている。

②実施状況

　文部科学省の「公立学校教員採用選考試験の実施状況」によると、近年の教員採用試験の受験者数、採用者数、競争率（採用倍率）は下図及び次頁図のようになっている。

　全国的には、2000（平成12）年度をピークに、2001（平成13）年度以降の競争率（採用倍率）は減少傾向にある。教員の大量退職等に伴い教員採用者数がほぼ一貫して増加傾向にあることや*1、受験者数が減少傾向にあることが大きな要因と考えられる。しかし、競争率（採用倍率）は、自治体によって状況は異なり、校種や教科によっても大きく異なる。一般的に、教員免許状授与件数の多い校種・教科、また採用者数の少ない校種・教科の倍率は高くなる傾向にある。

　県や市によって採用倍率に大きな開きがあるため、難易度は受験する地域によって大きく異なる。受験先の状況については、各自治体のホームページ等で確認することができる。

　教職に就く場合は教員採用試験に合格する必要があるが、合格しなかった場合でも講師として勤務できる場合も少なくな

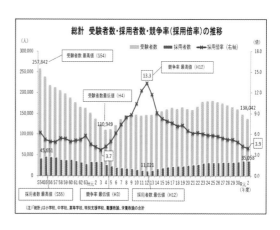

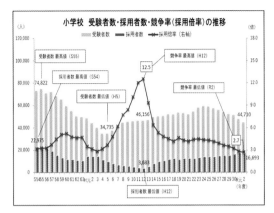

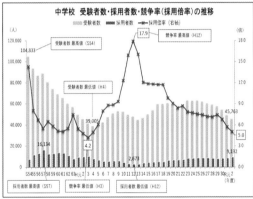

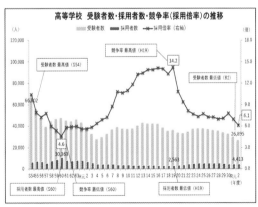

「令和2年度公立学校教員採用選考試験の実施状況」（文部科学省）から抜粋

い。講師として勤務しながら、再度採用試験に挑戦することもできる。

⑵ 秋田県の教員採用試験

①試験科目等

　秋田県公立学校教諭等採用候補者選考試験（いわゆる「教員採用試験」）における試験科目、評価方法等は次のようになっている（「令和3年度秋田県公立学校教諭等採用候補者選考試験実施要項」から抜粋。詳細は HP 参照のこと）。

○第一次選考

総合教養・一般教養……総合教養試験は、教職教養と時事問題により構成されています。

　　　　　　　　　　　一般教養試験は、時事問題と法規及び秋田県の教育施策等により構成されています。時事問題は、国内外の時事的な事象から出題されます。教職教養については、秋田県の教育施策も含まれます。

教　科　（　科　目　）……志願教科に関する内容。

集　団　面　接……教育者としての強い使命感と高い倫理観を身に付けているか、また、協調性と豊かなコミュニケーション能力を有しているかどうかを、主に、①人間性、②意欲・使命感、③協調性・社会性の3つの大きな観点から5段階で評価します。

実技（体育を除く）……志願する校種・教科における専門分野に求められる技能の達成度を5段階で評価します。

○第二次選考

集団（個別）面接……教育的愛情にあふれ、児童生徒の心身の状況を

　　　　　　　　　　　踏まえ、受容的・共感的な理解ができるか。ま
　　　　　　　　　　　た、教科等に関する深い専門的知識と広く豊
　　　　　　　　　　　かな教養を身に付けているかどうかを、主に、
　　　　　　　　　　　①生徒指導力、②教科指導力、③教育者として
　　　　　　　　　　　の資質の３つの観点から５段階で評価します。

模　擬　授　業……個性豊かでたくましく、常に学び続ける探究力
　　　　　　　　　　　を有しているか、また、教科等に関する深い専
　　　　　　　　　　　門的知識と広く豊かな教養を身に付けているか
　　　　　　　　　　　どうかを、主に、①授業の構成力、②専門的知
　　　　　　　　　　　識、③創意工夫や引きつける力の３つの観点か
　　　　　　　　　　　ら５段階で評価します。

論　　　　　　文……教育に対して使命感と問題意識をもちながら幅
　　　　　　　　　　　広く考察することができ、自己の主張を論理的
　　　　　　　　　　　に表現できるかどうかを、主に、①内容、②文
　　　　　　　　　　　章構成、③文章表現力の３つの観点から５段階
　　　　　　　　　　　で評価します。

日　常　英　会　話……積極的にコミュニケーションを図ろうとする態
　　　　　　　　　　　度と英語運用能力を主な観点として３段階で評
　　　　　　　　　　　価します。

実　技　（　体　育　）……志願する校種・教科における専門分野に求めら
　　　　　　　　　　　れる技能の達成度を５段階で評価します。

②実施状況

　平成21年度以降の秋田県公立学校教員採用選考試験の受験者数、採
用者数、競争率（倍率）は次頁の図のようになっている（ただし、
H21〜R２年度は文部科学省調査、R３年度は志願者数、採用予定者
数、志願倍率〈秋田県教育委員会発表〉をもとに作成したものである）。

秋田県教員採用選考試験受験者数・採用者数・競争率(倍率)の推移
（小学校・中学校・高等学校・特別支援学校・養護教諭・栄養教諭の計）

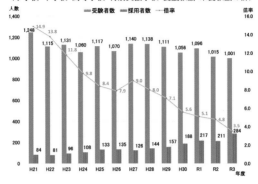

秋田県小学校受験者数・採用者数・競争率(倍率)の推移

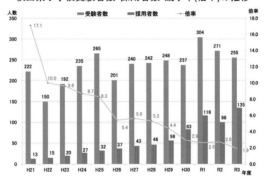

秋田県中学校受験者数・採用者数・競争率(倍率)の推移

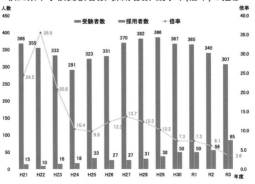

秋田県では、児童生徒数の減少及び学校の統廃合等もあり、特に高等学校においては採用者数が少なく、競争率（採用倍率）は10倍以上の高倍率が続いている。一方、小学校及び中学校では、退職者数の増加に伴い採用者数が増加傾向にあり、競争率（採用倍率）は減少してきている。特に小学校教員の採用倍率は2倍台で推移し、令和3年度は1倍台となった。

*1) 右図「公立学校年齢別教員数（2020年度）」（文部科学省）に見るように、公立学校には50歳以上の教員が多く、今後とも教員（特に小学校・中学校）の大量退職が見込まれることや、小学校において一クラスの児童の数が少なくなる（「第5章　コロナ禍の中での学びの保障とコロナ後の教育」参照）ことから、今後とも教員採用者数は増加するものと思われる。

第3章　学び続ける教師
―「確かな学力」を育てる教師をめざして ―

　時代や社会が変わっても、学校・教師の教育力の向上は、社会への責任として求められ続けている。教育力の中心課題は、児童生徒の学力の向上にあり、児童生徒の学力向上は学校としての組織と教師一人ひとりに課せられた責務である。

　時代や社会の変化は、学校教育に期待する「学力」についても変化を求めている（「第4章　未来を生きる子どもたちのために」参照）。学校や教師は、時代や社会に求められ期待される「学力」とはなにかをしっかりと受け止め、児童生徒一人ひとりに確実に身に付けさせなければならない。

　どんなに一生懸命に教師が教えたとしても、教材や指導方法が適切でなかったり、学ぼうとする意欲が児童生徒に乏しかったりして、結果、教えたことが身に付いていなければ、指導した（教えた）ことにはならない。**児童生徒の「学び」の成立なくして、教師の「教え」は成立しない**のである。また、どんなに優れた教材を使って指導したとしても、その教材の質を引き出す指導力が教師になければ、高い学力を児童生徒に身に付けさせることはできない。教師には、学習教材をみる確かな目と最適な指導方法を選択し実践する力、そして適切に評価し指導を改善する力が必要なのである。

　2012（平成24）年、中央教育審議会は、「社会からの尊敬・信頼を受ける教員、思考力・判断力・表現力等を育成する指導力を有する教員、困難な課題に同僚と協働し、地域と連携して対応する教員が必要である」として、「（教員は）教職生活全体を通じて、実践的指導力等を高めるとともに、社会の急速な進展の中で、知識・技能の絶えざる刷新が必要であることから、教員が探究力を持ち、学び続ける存在であることが不可欠である」として**「学び続ける教員像」**を示した。

　教師には、社会からの期待に応えられる専門性と、人間としての幅広

い教養、いわゆる人間力を併せて身に付けるために、教職生活を通して絶えざる研究と修養が必要なのである。

1.「確かな学力」を育てる教師の力

⑴「確かな学力」とは……

　文部科学省は、変化の激しいこれからの社会を生きる子どもたちには**「生きる力」***1を育むことが必要であり、「生きる力」は、人格を磨き豊かな人生を送る上でも不可欠であるとしている。この「生きる力」は、1996（平成8）年7月の中央教育審議会答申「21世紀を展望した我が国の教育の在り方について」で定義されて以来、度重なる学習指導要領の改訂においてもその基本理念は継承されている。そして、特に「生きる力」の知的側面である**「確かな学力」**を育むという考え方は教育現場に深く浸透しており、各学校においてはそれぞれの特色を活かしながら工夫して「確かな学力」を育むための積極的な取り組みが行われている。

「確かな学力」とは、知識や技能はもちろんのこと、これらに加えて、学ぶ意欲や自分で課題を見付け、自ら学び、主体的に判断し、行動し、よりよく問題を解決する資質や能力まで含めたものである（下図）。近年、高大接続改革等において、生徒の発達段階に応じて、「生きる力」を構成する「確かな学力」等の捉え直しが行われているが、基本的なところは変わらない*2。いずれの学校種においても、子どもたち一人ひとりに応じて、**「確かな学力」**の育成を通して**「生きる力」**を育むことが肝要である。

「学力」の定義及びその推移等の詳細については、「第4章　未

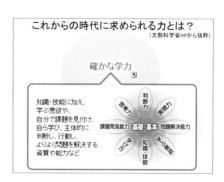

来を生きる子どもたちのために　２．学習指導要領の改訂と学力観の転換」を参照のこと。

⑵ 学習指導力を身に付けるために

　教師には、教科指導のみならず、学級経営や生徒指導、進路指導などの広範な職務があり、専門教科や子どもの発達、心理などの教育全般に関する知識等、教育専門職 *³ としての幅広い総合的な力が求められる。中でも、学校教育活動の中核は授業であり、授業を通して「確かな学力」を子どもに身に付けさせるための**学習指導力**が重要である。

　教育専門職としての教師にとって、学習指導、特に授業を行う上で基盤となる知識や能力は、大きく三つに分類される。

　一つ目は、児童生徒一人ひとりの発達特性や心理、学習理解度等に関する知識や理解力と、具体的な場面での対応力（つまり「**児童生徒理解力と対応力**」）である。児童生徒を理解し対応する力は、教師としての知識や経験の多寡によるところも少なくない。しかし、経験が少なくても、問題意識の高い教員は例外なく児童生徒理解にすぐれている。子どもの小さなつぶやきに即座に反応したり、わずかな表情の変化を見逃さずに感情や思考を察し適切な対応をすることができる。必ずしも多くの経験が必要なわけではない。

　授業中に子どもが予期せぬ反応や発言をして予め計画した通りに授業が進まないことは往々にしてよくあることである。そうしたときに慌てず、むしろ予期せぬ反応や発言をもとにして子どもを豊かな学びに誘うことができるのは、こうした児童生徒理解力と咄嗟の対応力があるからである。

　二つ目は、「**教材についての知識**」である。教師が教える内容（教材）について幅広い知識を持ち、深く理解していなければ、児童生徒が身に付ける知識は浅いものになってしまう。「この教科のこの単元を指導するにはどの教材が適切か」「この教材ではどのような資質・能力を育てることができるか」、「必要な資質・能力を育てるために、複数の教材を

どのように組み合わせてどのような順序で指導すれば効果的か」等といった教科と教材に関する知識は、専門の学問（例えば国語［文学、古典等］や数学［解析学や代数学等］）に関する研鑽はもとより、学習指導要領や複数の教科書、教授資料（教師用指導書）等を丁寧に読み込んで比較・分析することが必要である。教材の選択やその提示の仕方が授業の質を決めることも少なくない。

　学習指導をするうえで、深い教材研究は教師にとっては大きな自信になる。その自信が子どもを捉える確かな目となり、予期せぬ子どもの反応にも動じないことに繋がるのである。

　三つ目は、「**指導方法や授業形態、授業構造についての知識と授業展開力**」である。教師にとって、探究学習や問題解決学習、協同学習やティーム・ティーチング、ICT の活用や遠隔授業、更には反転授業＊4等、それぞれの指導方法や授業形態についてのメリットやデメリット、効果的な授業展開方法や留意すべき事項についての知識、更に加えて授業構造（導入、展開、振り返り・整理、次時の予告等）に関する効果的な指導の在り方等についての知識は、質の高い授業を展開するうえで必要不可欠な知識である。こうした知識を適切に活用し、授業を効果的に展開する力が教師には求められる。

　以上、学習指導の基盤となる知識や能力を三つ挙げた＊5が、これらの知識や能力は、学校全体として教員間の情報交換や経験の交流を通して身に付け高め合うことが大切であり、機会を捉えて、学校や教科の垣根を超えて研鑽し合うことも必要である。

　日々の教科指導、特に授業実践においては、指導効果を高めるために次に説明する PDCA サイクルを活用する場合が多い。このサイクルは、「Plan」「Do」「Check」「Action」という四つのカテゴリーの頭文字をとったものであるが、それぞれの場面で、学習の質を高めるための教師の指導力が問われることになる。

　PDCA サイクルの四つのカテゴリーを、それぞれの場面で教師に必要とされる指導力という観点から説明する。

一つ目は、「学習指導計画を立案する（Plan）力」である。つまり、学習指導の目標や内容の適切な理解と児童生徒の実態把握をもとに、教材の選択や開発、授業展開の構想を立てる力である。

　二つ目は、「指導計画を具現化し展開・実践する（Do）力」である。

　三つ目は、指導の結果が児童生徒の学力として確実に身に付いているかどうか、そして指導内容や方法が適切であったかどうかを「評価する（Check）力」、そして、四つ目が、評価を「指導の改善に活かす（Action）力」である。

　このPDCAサイクルを適切に活用し、それぞれの場面で必要とされる力を発揮することによって、学習指導の効果を高めることができる。また、指導の成果を確認しながら改善を図る取り組み（PDCA）を繰り返すことで、教師の学習指導力も疑いなく向上する（右図）。教師自らの学習指導力の向上なくして子どもの学力向上は保障されない。

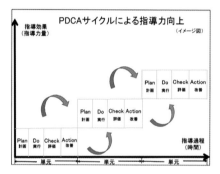

　もちろん、PDCAサイクル（「Plan〈計画〉」、「Do〈実行〉」、「Check〈評価〉」、「Action〈改善〉」）は、教科指導や授業実践に止まらず、学校行事も含めた様々な教育活動の場面においても指導効果を高める方法の一つである。ただし、PDCAサイクルでは、計画・実行し、その評価を行ってから改善に取り組むことになり、実践直後に改善アイディアを思いついてもそのアイディアを反映させるまでに時間がかかってしまうというデメリットがある。また、考案した改善案が本当に効果的かどうかを検証するには、計画、実行、評価というプロセスを繰り返さなければならない。そこで、近年はPDCAサイクルに代わる方法として、スピード感をもって柔軟な発想力を活かす場面では、OODAループが注目されている。

　OODAループとは、Observe（観察）、Orient（状況判断、方針決

定)、Decide（意思決定）、Act（行動）の頭文字をとった方法である。Observe（観察）では、対象（児童生徒）を観察し、課題（改善点等）の発見やデータ収集を行う。次の Orient（状況判断）では、観察をもとに状況を分析し方針（改善の手立て）を策定する。Decide（意思決定）では、方針に基づいて具体的な戦略や行動についての意思決定を行い、Act（行動）で実行する（右図）。

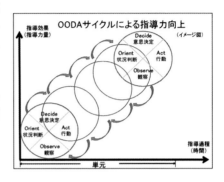

実際の授業場面においては、児童生徒の状況を見極めて咄嗟の判断と具体的な行動が要求されることが多い。必要な手立てを瞬時に実行することが指導効果を高めることにつながる場合も少なくない。教師による瞬時の判断が授業に適度なテンポとスピード感を生み、子どもの理解度を高め豊かな学びに導く。従って、実際の授業実践の中では、この OODA ループが行われている、いや、行われなければならないと考える。OODA ループは、テンポ良く４段階を経て現状認識、改善、指導の効率化につなげる方法といえる。

　PDCA サイクルや OODA ループは、場面に応じて使い分ける必要があるが、いずれにおいても、教師にはそれぞれの場面において、その場面に即した指導の力量が要求される。時と場合に応じて、最適な方法で指導の効率化を図りながら、教育効果とともに指導の力量を高めることが大切である。

　教師の指導力（特に学習指導力）は、一人で試行錯誤を繰り返すことで身に付く場合もあるが、それには限界がある。自己研鑽だけでは高い学習指導力を身に付けることは難しい。教師の学習指導力は、指導される側の児童生徒の感想や意見（児童生徒による「アンケート」や児童生徒の態度や表情）、先輩・同僚教師のアドバイス等に謙虚に耳を傾け眼

を凝らすとともに、学校全体で計画的に、目的意識や課題認識を共有し協働して実践を繰り返し、振り返りながら研修を重ねることで向上していくものである。

*1)「**生きる力**」は、1996（平成8）年7月の中央教育審議会答申「21世紀を展望した我が国の教育の在り方について」で打ち出され、改訂学習指導要領を貫く理念として次のように定義されている（右図）。

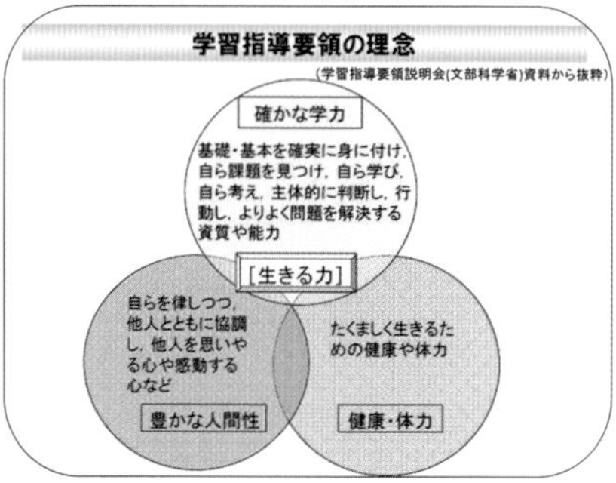

学習指導要領の理念
（学習指導要領説明会(文部科学省)資料から抜粋）

確かな学力
基礎・基本を確実に身に付け、自ら課題を見つけ、自ら学び、自ら考え、主体的に判断し、行動し、よりよく問題を解決する資質や能力

[生きる力]

自らを律しつつ、他人とともに協調し、他人を思いやる心や感動する心など
豊かな人間性

たくましく生きるための健康や体力
健康・体力

①基礎・基本を確実に身に付け、自ら課題を見つけ、自ら学び、自ら考え、主体的に判断し、行動し、よりよく問題を解決する資質や能力（確かな学力）

②自らを律しつつ、他人とともに協調し、他人を思いやる心や感動する心など（豊かな人間性）

③たくましく生きるための健康や体力（健康・体力）

　つまり、[生きる力]とは、これからの社会を生きる子どもたちに身に付けさせたい、①確かな学力、②豊かな人間性、③健康と体力の3つの要素からなり、これらをバランスよく育てることが大切であるとしている。

*2)高等学校教育と大学教育、そして大学入試の一体改革をめざした**高大接続改革**では、幼児教育や小中学校で積み上げられてきた教育の成果を高等学校や大学教育において確実に発展させるために、「生きる力」を構成する「豊かな人間性」や「健康・体力」、「確かな学力」について以下のように捉え直している。

①**豊かな人間性**：高等学校教育を通じて、国家及び社会の責任ある

形成者として必要な教養と行動規範を身に付けること。大学においては、それを更に発展・向上させるとともに、国、地域社会、国際社会等においてそれぞれの立場で主体的に活動する力を鍛錬すること。

②**健康・体力**：高等学校教育を通じて、社会で自立して活動するために必要な健康・体力を養うとともに、自己管理等の方法を身に付けること。大学においては、それを更に発展・向上させるとともに必要な肉体的・精神的能力を鍛錬すること。

③**確かな学力**：学力の三要素（「知識・技能」、「思考力・判断力・表現力」、「主体的に学習に取り組む態度」）を、社会で自立して活動するために必要な力という観点から捉え直し、高等学校教育を通じて、

(ⅰ) これからの時代に社会で生きていくために必要な「主体性を持って多様な人々と協働して学ぶ態度（主体性・多様性・協働性）」を養うこと

(ⅱ) その基盤となる「知識・技能を活用して、自ら課題を発見しその解決に向けて探究し、成果等を表現するために必要な思考力・判断力・表現力等の能力」を育むこと

(ⅲ) 更に、その基盤となる「知識・技能」を習得させること
大学においてはそれを更に発展・向上させるとともに、これらを総合した学力を鍛錬すること

＊3) 教師は、医師や弁護士のように専門家として制度的に認められているわけではないが、その職域として、授業や学習、子どもの認知過程や心理、教育課程（カリキュラム）や教育内容等に関する専門的知識を用いることから、「教育の専門家」、「教育専門職」と呼ばれている。

＊4) 反転授業は、教師が授業で新しい知識を教え、児童生徒が家庭学習等で確認し定着を図るという従来の学習方法を「反転」させる授業

のことである。すなわち、児童生徒が自宅等で学習内容を予習し、学校の授業では予習で身に付けた知識を活用して演習問題を解いたり話し合い（討論）を行ったりして知識・理解の確認や定着を図る学習方法である。反転授業は、授業時間を知識の活用・応用のために使えるので、学習意欲や学習効率の向上、知識の定着、より深い学びの実現といったメリットがあるとされている。

＊5）吉崎静夫は、「授業についての教師の知識」として、①教材についての知識、②教授方法についての知識、③生徒についての知識、更に、Ａ①と②の重なる部分、Ｂ①と③の重なる部分、Ｃ②と③の重なる部分、Ｄ①と②と③の重なる部分の7つの知識領域を提案している。

［参考・引用文献］
▪ 中央教育審議会答申「新しい時代にふさわしい高大接続の実現に向けた高等学校教育、大学教育、大学入学者選抜の一体的改革について　〜すべての若者が夢や目標を芽吹かせ、未来に花開かせるために〜」（2018〈平成26〉年12月22日）
▪ 吉崎静夫『教師の意思決定と授業研究』ぎょうせい、1991

２．授業の世界と可能性

　子どもは、一人ひとり異なる自分の世界を生きている。そして少しずつ外の世界（社会）から影響を受けて生きる世界を拡げていく。授業は、児童生徒にとって外の世界（社会）における事象や物、他者との出会いや交流を通して、生きている世界を拡げる役割を担っている。それは教師にとっても同様であり、教材や児童生徒と真剣に向き合い実践を深めていく中で、教師も自分の世界を拡大していくのである。

　授業は、教える者（教師）と学ぶ者（児童生徒）が、限定された空間と時間＊1において、教材（教え、学ぶ対象、つまり「社会における事

象や物、他者」）を通して交流する場である。「授業は、教師と児童生徒の教材を通した**真剣勝負**」と言われる所以でもある。しかし、真剣勝負の中にも、思いやりや敬意、情熱、誠実、期待といったあたたかな**心情**が必要である。

　授業には技術と心情（こころ）が必要である。技術の伴わない心情だけでは授業は成立しない。例えば、十分な知識や技術がないままに一生懸命に教えただけでは、授業が生徒の学びに繋がらない。また、心情の伴わない技術だけの授業では、児童生徒は心を開いて教師を受け入れることはしない。授業は"生き物"であり、教師と児童生徒が一緒に創り上げる創造的活動である。

　授業の達人といわれた斎藤喜博は、「授業は、教師と子どもたちが、教材を通して対決・交流する緊張関係の中に成立する」として次のように述べている。

「授業は、**教材**の持っている本質とか矛盾とかと、**教師**のねがっているものと、**子どもたち**の思考・感じ方・考え方との**三つの緊張関係の中で**成立する」、「教師が授業の中心となって、教材の方向と子どもの考えと、教師の願っているものをふれ合わせ、授業としての新しいいのちを持った方向をつくり出していったときはじめて……こころよい密度の高い緊張関係を持った授業がつくり出され」、その結果、「授業の中に衝突・葛藤が生まれ、

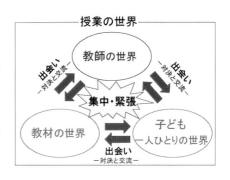

集中と緊張が生まれ、教師も子どもも本質に向かって追求して肉薄していくことができるのである」。

　授業を計画し展開する教師はもちろん、子どもたちもまた教材との出会いを通して多様な理解・解釈を身に付け、新たな世界、豊かな世界を創り上げていくのである。

本書「扉」にある児童生徒の授業中の姿（写真）をもう一度御覧いただきたい。子どもたちは教材と格闘しながら活き活きと自分の生きる世界を拡げている。集中した目の輝きがそれを物語っている。

　日本人は誰でも、義務教育期間として少なくとも小学校と中学校の9年間にわたり「授業」を受けている。その時間は1万時間以上になる。高校、大学に進学すれば更に多くの時間の「授業（講義）」を受けることになる。そうした長い時間、しかも感受性の強い時期に経験する「授業」が、一人ひとりの人生に豊かな実りをもたらすならば、児童生徒にとってはもちろん、授業者である教師にとっても大きな喜びになるであろう。しかし、それが退屈でつまらない時間であったなら……。

　教育専門職として、教師はまず第一に「授業」のエキスパートでなければならないのである。

*1) 2020（令和2）年、文部科学省の GIGA スクール構想（Global and Innovation Gateway for All）により、児童生徒のための1人1台学習者用 PC（タブレット）と高速ネットワーク環境が整備され、ICT（Information and Communication Technology）を基盤とした遠隔教育システムが進展した。そのシステムを用いた遠隔授業（オンライン〈online〉）により離れた場所で距離に関係なく、また、オンデマンド（on Demand）等により時間に制約されることもなく、相互に情報の発信・受信を行う授業が全国各地で行われるようになった。つまり、学びの場が、限定された空間と時間ではなくなりつつあるのである（「第5章　コロナ禍の中での学びの保障とコロナ後の教育」参照）。

[参考・引用文献]
▪ 斎藤喜博『教育学のすすめ』筑摩書房、1969

⑴ 教師に必要な基本的「授業技術」

　前述したように、授業は技術がすべてではない。そこに教師の熱意や思いといった心情が入っていないと質の高い授業を展開することは不可能である。教師の熱い思いと技術が相俟って質の高い授業が展開されるのである。

　教師の心情については、「第1章　教職の世界」でも触れている。ここでは、教師が教壇に立って授業をする際に必要な基本的な技術（ワザ）、特に、「何をどのように見るか」や「何をどのように話すか」等といった、基本的で身体的な技術について述べる。

　基本的とはいったものの、容易にできる簡単なことではない。ただし、「身に付けるべき」、「身に付けたい」と意識して授業を重ねることで自然に身に付くことも多い。しかし、意識しないで漫然と授業をしていたのではいつまで経っても身に付かない。

①授業において、教師は、児童生徒の何をどのように見たらいいのか？
　「子どもが見える」という教師の言葉を聞くことがある。このとき、教師は生理的・身体的に「子どもが見えている」に止まらず、子どもが何を考えているか、何を感じ取ったのか、という、子どもの心理的なことまで「見えている」場合も少なくない。どうしたらそんなことが可能なのだろうか。

　特に若く経験の浅い教師は、ともすれば目の前の教科書や指導案に意識が向かい、児童生徒をよく見ていないことがある。視線の先に児童生徒がいない、あるいは、視線の先に児童生徒がいても、見えていない場合がある。授業の基本は「児童生徒をよく見る」ことである。教師がどのように子どもたちを見ているかで教師の力量が分かると言っても過言ではない。

　教師は、子どもたちに「説明」したり、「指示」や「発問」をしたりするときは、基本的に、子どもたちに顔を向けて話しかける。しかし、顔は向けているが「見ていない」「見えていない」ことも少なくない。

一斉授業の場合、教室では、教師と児童生徒の関係は「一対多」の関係である。教師が多くの児童生徒に顔を向けているだけでは、児童生徒一人ひとりは、「見られている」「見てもらっている」と感じることは少ない。瞬時であっても、教師が一人ひとりの子どもに静止した視線を送り、子どもと一対一の関係を作ることで、子どもは「見られている」、「見てもらっている」と感じるのである。その静止した瞬時に目に映る子どもの表情やしぐさから子どもの心が読み取れることが少なくないのである。子どもの表情や目の動き、しぐさや声は、子どもの心を映す鏡である。教師は、それを「見る」ように努めなければならない。

　もちろん、子どもの本当の姿は教室内の観察だけでは分からないことも数多くある。家庭環境や交友関係、更には生育歴等も含めて知ることで子どもが見えてくることもある。また、子どもが教室（授業）で本当の自分の姿を見せるのは、教師が自らの欠点も含めて自分の姿を見せているからでもある。教師には、子どもに対して己を開くことで信頼関係を醸成し、児童生徒一人ひとりの真の姿をしっかりと見取る努力を重ねてもらいたい。

　高等学校や中学校の国語教師であった大村はまは言う。「（授業中に生徒に話をするときは）『中ぐらいの生徒を目当てにお話ししたらいいでしょう』なんていうのは具体的にどういうことですか。……（中略）……そんなことは子ども一人ひとりを見つめて話をしない人の空論だろうと思います。子どもは、常に一人ひとりを見るべきであって、それ以外は見るべきでない。束にして見るべきものでないと思います」

　教師の重要な責務の一つは、児童生徒一人ひとりがもっている個性や特殊性に目を配りながら、すべての児童生徒に必要な学力を育てることである。一斉授業をしていても、教師の眼差しはいつも児童生徒一人ひとりに向いているべきであって、子どもの「個」を無視して「集団（束）」として十把一絡げに扱うことがあってはならないのである。

　子どもたちの中にも、顔は教師に向けているが、目が泳いでいて「心ここにあらず」という子どももいるかもしれない。教師は、そうした子

どもにも温かな眼差しを注ぎながら状況を把握し、必要に応じて声を掛けることで子どもとの信頼関係を育むことが大切である。

　前述したように、授業は「教師」「教材」「子ども」の三者で成立し、教師と子どもが協働して創り上げていくものである。子どもをよく「見る」ことで、子どもを見る教師の眼も育ち、授業が教師から子どもへの一方通行になることもなくなる。授業の基本は「子どもをよく見る」ことである。

[参考・引用文献]
- 大村はま『教えるということ』共文社、1973
- 野口芳宏『教師の作法　指導』さくら社、2009

②授業において、教師は、児童生徒にどのように話したらいいのか？
　授業は教師が言葉を「話すこと」によって進行する。従って、その話し方の巧拙は子どもたちの集中力・学習意欲・理解度に大きく影響する。ただし、教師の話した言葉が全て子どもたちに届くとは限らない。教師が熱心に話した言葉も、子どもが自分に話しかけられた言葉として受け取ることができなければそこに学びは成立しない。言葉のもつ力については、「第Ⅱ部　教育を支えるもの　第6章　教職の特殊性」を参照していただき、ここでは、授業における教師の声や話し方全般について留意すべきことを挙げる。

　まず大切なことは、「**発声**」である。ハッキリとした聞き取りやすい声で話すということは、話し手としての大事な心得である。聞き取りにくい発声であったら、発声を鍛えるなどの訓練が必要である。声が弱々しかったり、語尾が聞こえなかったり、早口過ぎて聞き取りにくかったりするなどの癖や弱点に気付いたら、場に応じた声の強弱や大小が自在にできるようになるための練習が必要である。ただし、声の強弱や大小に関しては、教室の広さや児童生徒の数、場の状況等にもよるが、大きく響くような声、強い声が必ずしもよいわけではない。時には、小さく

ささやくような声を出して児童生徒の集中力や緊張感を高める工夫も必要である。

　次は「**話し方**」である。話の途中で、「ま〜」や「え〜」、「あ〜」といった言葉を差し挟む人がいるが、聞いている児童生徒にとっては、その言葉が気になって肝心の話の内容がきちんと聞き取れない場合もある。一方、話している教師は無意識である場合も少なくない。まずは、自分の癖を意識することが必要である。また、若い人には、「おはようございま〜す」など、語尾や言葉の一部を伸ばす話し方をする人が多い。「マジで!?」「ヤバい」など友達感覚で児童生徒と話す若い教師もいるが、そうした言葉が口癖になっていると、授業でもつい出てしまう。

　教師にはまず、自分の「話し方の癖」を自覚し、耳障りな癖はできるだけ出さない努力をすることが肝要である。そのためには、時々、授業をビデオ等に録音・録画して自分の声や話し方を、更には視線や表情、立ち位置（後述）等も含めて確認することが必要である。

　言葉を話すことを「発話」というが、教師の授業における発話は、「説明」、「指示」、「発問」の３種類に分けることができる＊1。いずれの場合も留意すべきことは、「**子どもが聞く姿勢にないときに、説明や指示、発問をしてはならない**」ということと、「**話すときは簡潔で分かり易く話すこと**」である。

　子どもが「ノートに記録しているとき」や「グループ活動のとき」などは、「顔を上げて説明を聞いてください」あるいは「話し合いを止めて前を見てください」等と指示し、子どもたちに聞く姿勢を取らせた後に話をすることが大切である。また、特に児童生徒に「説明」する場面では、同じことを繰り返して説明する教師が意外に多い。繰り返しの説明は、逆に子どもの注意力を散漫にする。特に大切なこととして「説明」を繰り返す場合もあるが、その場合でも、前の説明とは異なる観点から表現を変えて説明することが大切である。また、「指示」や「発問」も同様であるが、特に「説明」は、適度な間を取りながらできるだけ簡潔にする方が良い。そうすることで授業に緊張感が生まれ、児童生徒の

集中度も高まる。

　更には、児童生徒の発達段階にもよるが、「説明」が「抽象的・概念的」になる場合は、できるだけ「具体的」な例を用いて興味を引く工夫が必要である。ただし、具体的な事例をもとに一般化・抽象化して説明するなど、抽象的思考を鍛える目的をもって、敢えて抽象的な話をする必要もあるだろう。いずれにしても、児童生徒にとって分かり易い説明の仕方を磨くことである。

　「発問」においては、単語で答えるような単純な知識を問う質問ではなく、子どもの思考に働きかけ考えさせる発問が大切である。**子どもの思考をゆさぶる発問を１時間の授業の中に、いくつか準備して授業に臨むことが必要である**（右図）。

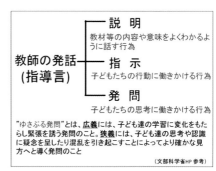

教師の発話
（指導言）

　説　明
教材等の内容や意味をよくわかるように話す行為

　指　示
子どもたちの行動に働きかける行為

　発　問
子どもたちの思考に働きかける行為

"ゆさぶる発問"とは、広義には、子ども達の学習に変化をもたらし緊張を誘う発問のこと。狭義には、子ども達の思考や認識に疑念を呈したり混乱を引き起こすことによってより確かな見方へと導く発問のこと

（文部科学省HP 参考）

　劇作家の井上ひさしは、「むずかしいことをやさしく、やさしいことをふかく、ふかいことをおもしろく、おもしろいことをまじめに、まじめなことをゆかいに、そしてゆかいなことはあくまでゆかいに」と話している（右図）。この言葉は、彼の演劇に対する考え

むずかしいことをやさしく、
　　やさしいことをふかく、
ふかいことをおもしろく、
　　おもしろいことをまじめに、
まじめなことをゆかいに、
　　そしてゆかいなことは
　　　　あくまでゆかいに

井上ひさし

方であり、彼が旗揚げした劇団「こまつ座」の標語としても掲げられていたようであるが、教師の話し方にも通じるものがあるように思われる。

　また、教師は授業において、児童生徒への説明が終わった後に、「わかりましたか」と問いかけることがある。この問いかけは、どのような意味があるのだろうか。国語教師の大村はまは次のように語っている。

「『わかりましたか』と聞くときには、ほとんど『わかりました』という返事を期待して聞くわけですね。……（中略）……子どもたちにほんとうの真剣な答えを期待していないのです。『何にもわかりません』と言われたら、どういう顔をするつもりでしょう」と。そして、授業では「わかりましたか」という言葉は口から出すまいとしていた、と述べている。教師が発する「わかりましたか」と言う言葉は教師の甘えであって、生徒の理解の様子は、生徒を観察しその表情や目の動き、そのしぐさ等から判断するべきである。「わかりましたか（問：教師）」「わかりました（答：児童生徒）」という言葉の応答で判断するべきではない。

　授業における教師の「話し方」には、教師の「児童生徒の見方（児童生徒観）」や「教材の見方（教材観）」が如実に表れる。時代に即した望ましい児童生徒観、教材観を身に付けるためにも、児童生徒の学力や学習環境等の実態を正確に把握することや、既習事項と教材との関連、教材と児童生徒との関わり等の教材研究を深めることが大切である。そして、説明や指示、発問をきちんと練って、授業を展開することである。特に若い教師の授業では、「説明」と「指示」が曖昧な授業もみられる。授業計画（「授業指導案〈略案〉」）作成の段階で、「説明」と「指示」、「発問」をきちんと分けて授業を構想し、それぞれどのような場面で、どのような言葉を、いつ、どのように発するかを検討した上で授業に臨むことが重要である。そうした努力の積み重ねが教師の力量を格段に高めるのである。

*1）授業における教師の「説明」と「指示」、「発問」の三つを指導言ともいう。
　　「説明」とは、事柄（主に教科・教材）の内容や意味をよくわかるように話す行為で、児童生徒の知識や理解度を把握して、その実態に即して説明することが必要である。「指示」とは、子どもたちの行動に働きかける行為で、児童生徒が具体的にイメージできる言葉で指示することが必要である。「発問」とは、子どもたちの思考に

働きかける行為で、子どもの思考や認識過程を経る問いかけをいう。特に、**"ゆさぶる発問"** とは、「広義には、子ども達の学習に変化をもたらし緊張を誘う発問のこと。狭義には、子ども達の思考や認識に疑念を呈したり混乱を引き起こすことによってより確かな見方へと導く発問のこと」（文部科学省）をいう。従って、「発問」は単純な一問一答形式、つまり「はい、いいえ」「そうです、ちがいます」と答えさせるような「質問」とは異なる。質問によって知識を確認することが必要な場合もあるが、そればかりだと学習意欲を低下させる。

[参考・引用文献]

- 桐原良光『井上ひさし伝』白水社、2001
- 大村はま『教えるということ』共文社、1973
- 文部科学省「話術」https://www.mext.go.jp/a_menu/shotou/clarinet/002/003/002/003.htm
- 文部科学省「発問」https://www.mext.go.jp/a_menu/shotou/clarinet/002/003/002/004.htm

③授業において、教師は、何処に立ち、どのように動いたらいいのか？

　教師が児童生徒を見たり、児童生徒に話したりするとき、教室の何処で見たり話したりするのか、つまり何処にいる（立つ）べきかということは、決して些末なことではない。重要なことを説明するとき、教師が教室の後ろから児童生徒の背中を見て話すようでは、児童生徒に重要なこととして伝わりにくい。教師が教卓（黒板）の前で、児童生徒全員に正対し正視して、説明や指示、あるいは発問をすることで、児童生徒は真剣に聞き取ろうと身構え耳をそばだてる。

　しかし、教師は、いつも教卓の前にいてもいけない。教室全体を見渡すだけでなく、気になる子どもの側に行ったり、必要なときには机間巡視*1をして児童生徒一人ひとりの状況を把握し支援することも必要である。机間巡視は、集団指導を主とする授業の中で、個別指導を充実さ

せる貴重な機会である。机間巡視を行う際は、集団指導では見落としがちな子どもやおとなしく目立たない子ども、学習内容の理解に時間のかかる子ども等の支援をしたり、あるいは、きらりと光る優れた考察をしている子どもを見つけ出して教室全体で共有したりするなど、目的をもって生徒に近づき個別の対応をすることである。

いずれにしても、落ち着いてじっくり考えさせ、理解、納得させたい場面では、子どもから見えるところにどっしりと立って構え、また、必要に応じて目的をもって机間巡視をして個別指導をしたり、何かを訴えたくて手を挙げた子どもがいたら間髪を容れず近くに行って支援したりするなど、フットワークを軽くして動き廻ることも必要である。教師の動と静、動くべきときと動かざるときを目的に応じて使い分けることで授業に変化が生まれ、生徒の学びが生き生きとしたものになる。

教育の目的は、児童生徒一人ひとりの「個」を育てることであり、一斉授業やグループ学習も個人の学力の保障、人間的な成長のためにある。授業において教師が立つべき位置やその動きは、教室内の児童生徒一人ひとりのために何処に立ち、どう動くかということで決まるということである。

*1) 机間 巡 視とは、授業中に教師が児童生徒の机の間を見廻ることをいう。その主な目的は、個々の児童生徒の理解度を把握したり、手助けが必要な児童生徒に適切な支援をしたり指示を出したりすることなどである。近年、子ども一人ひとりに対する適切な支援を目的とするという意味から、「巡視」ではなく、「指導」という言葉を用いて「机間指導」という言葉を使用することが多くなってきている。

④教師は、どのように「教材」と向き合ったらいいのか？
「教師は教科書を教えるのではなく、教科書で教えるのである」という言葉がある。教師にとって教科書は、教科指導のための教材（「主たる

教材」という）であり、指導の拠り所となる存在ではあるが、教科書を
教えることが教師の仕事なのではない。学校や教師に法的に課せられて
いることは、学習指導要領の内容を指導しその目標を達成することであ
り、教科書のすべてを教えることではない。教師は、基本となる教科書
を大切にしつつ、必要に応じて教科書を離れて目の前の児童生徒の実態
に即した指導をしなければならない。様々な教材・教具を活用し、それ
ぞれの教科の見方・考え方をきちんと身に付けさせ、教科の本質*1に
迫る指導を通して学ぶよさや学ぶ楽しさを感じさせることが大切であ
る。教育専門職としてのプロ意識をもって研究に励み、専門教科の知識
を幅広く、そして深く身に付け指導に当たらなければならない。

　2018年に改訂した学習指導要領では、「よりよい学校教育を通じてよ
りよい社会を創る」という目標のもと、教科指導を行う際には、**教科と
日常生活や社会事象との関わり**をこれまで以上に意識することを求めて
いる。

　右図は算数・数学の学
習過程のイメージ図（中
央教育審議会答申〈H
28〉資料からの一部抜
粋）である。数学の事象
を日常生活や社会の事象
と関係づけて学ばせるこ
とを示したものである。
国語でも社会でも、また
その他の教科でもめざす

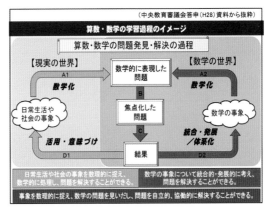

学習過程は同様である。日常生活や社会事象の中には、教科教材として
活用できる題材は至る所にある。教育のプロとして、教科の特質に即し
た教材を探し出し独自の教材を創る努力をしてみてはいかがだろうか。
教師の創った独自教材は、児童生徒には、教科書以上に学ぶ意義や目的
を考えさせるものとなるに違いない。目の前にいる児童生徒の実態に即

して最適な教材を探し、加工し、児童生徒がどんな教材をどんな場面でどのように提示したら興味関心を示すだろうかと考えることも楽しいものである。世界に一つしかない自分だけの教材（もちろん、教員間で互いに共有することも大事なこと）を少しずつ創って、改善しながらいつでも取り出せるように引き出しに仕舞っておく。そうした自作の教材はきっと教師としての大きな財産になるに違いない。

*1) **教科の本質**とは、各教科等に固有の個別的な知識・技能と教科を超えた汎用的なスキルをつなげるものとして、教科等の見方・考え方などをいう。**教科等の見方・考え方**とは"どのような視点で物事を捉え、どのような考え方で思考していくのか"という、教科の特質に応じた物事を捉える視点や考え方である。

例えば、**算数・数学科**においては、事象を数量や図形及びそれらの関係などに着目してその特徴や本質を捉え（数学的な見方）、論理的に考え、既習知識や技能と関連づけながら統合的・発展的に考えたり、体系的に考えたりすること（数学的な考え方）であり、**国語科**においては、対象と言葉、言葉と言葉の関係を、言葉の意味、働き、使い方等に着目して捉え（言葉による見方）、その関係性を問い直して意味付けること（言葉による考え方）などである。

[参考・引用文献]

▪ 中央教育審議会「幼稚園、小学校、中学校、高等学校及び特別支援学校の学習指導要領等の改善及び必要な方策等について（答申）」平成28年12月21日
▪ 文部科学省『高等学校学習指導要領（平成30年告示）解説　数学編　理数編』平成30年7月
▪ 文部科学省『高等学校学習指導要領（平成30年告示）解説　国語編』平成30年7月

⑤**教師は、どのように子どもの学力を「評価」したらいいのか？**

　教育の目標は、児童生徒に望ましい資質・能力を身に付けさせること。言葉を変えると、生徒に望ましい「変容」を促すことである。「変容」とは、内面的な変化にとどまらず、外面的、行動面においても変化が見られるということである。教育的な指導によって、そうした変容が見られるかどうかを見定めることを**「教育評価」**という。

　児童生徒を「評価」するというと、単元の終了後や学年末等にテストをして、その結果を「通知票」や「指導要録」*¹に記載すること、と思われがちであるが、評価には、評価する時期や機能によっていくつかの種類がある。

　各教科等において、各単元や指導項目に到達目標を定め、それを規準に評価する方法を**「到達度評価」**というが、到達度評価には、「診断的評価」や「形成的評価」、「総括的評価」がある（右図）。

　「診断的評価」は、単元の指導を開始する前に児童生徒の学力の実態を把握する評価であり、**「形成的評価」**は、単元の指導過程において、どの程度到達目標に近づいているかを、小テストなどを通して途中経過として確認・評価するものである。**「総括的評価」**は、単元終了後や学年末に、学習の成果として「Ａ」や「Ｂ」あるいは「５」や「４」などの評定（成績）を付けたり、指導計画や指導方法、指導内容等、指導全体の在り方を振り返るためにする評価である。いずれの評価においても、その結果は教師の指導の改善に活かすことが求められる（**「指導と評価の一体化」**という）。

　かつて、「評価」は、学習集団の中での成績順位に応じて一定割合で評価すること（「相対的評価」という）が一般的であった。例えば、相対的評価で５段階評価をする際には、成績上位７％が「５」、次の24％が「４」、その次の38％が「３」、次の24％が「２」、最後の７％が

［到達度評価（目標に準拠した評価）］

1970年代：到達度評価（目標に準拠した評価）が登場
〇 到達度評価：到達目標を規準に、それに到達しているかどうかで子供たちを評価する方法。
＊差別、選別ではなく子供の学習権保障、学力保障を目指す
〇「到達度評価」では、評価を三つに分類し教育効果を高める
診断的評価（diagnostic assessment）：単元を開始する前に、その単元で扱う主題や内容について、子供たちの持っている意識や知識・経験を診断する評価
形成的評価（formative assessment）：単元の途中、授業の過程で子供たち一人一人がどの程度到達目標に達しているかどうかを確認する評価
総括的評価（summative assessment）：実践の終わりに到達目標の全体への達成度を評価するとともに、「評定」つまり成績を付ける評価

「1」としていた。

　しかし、そうした集団に準拠した評価である「相対的評価」（「集団準拠評価」という）では、指導目標に達した児童生徒であっても評価結果は必ずしも良くないという矛盾が起こる。例えば右図において、学習集団における学力曲線が、学習前の①（「黒の実線」）か

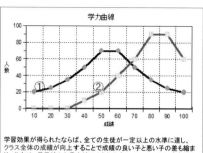

学習効果が得られたならば、全ての生徒が一定以上の水準に達し、クラス全体の成績が向上することで成績の良い子と悪い子の差が縮まり、分布は、①黒線から②赤線のような分布（学力分布曲線）に変わる。

ら学習後に②（「赤の実線」）に変化し、集団全体の成績の向上がみられたとしても、「相対的評価」においては、①の曲線を想定して集団の成績順位に応じた評価をすることになる（40人学級では「5」と「1」がともに2〜3人いることになる）。本来、学習は②のような曲線になることをめざして行わなければならないはずで、「相対的評価」では学習結果を正確に反映しているとは言い難い*2。また、「相対的評価」は、学習者に「学ぶことは勝ち負けである」という競争意識を生み出すなど、誤った学習観を身に付けさせかねないといった問題もある。

　2010年、文部科学省は学習評価の在り方を根本的に改め、目標に準拠した評価（「目標準拠評価」、「絶対的評価」という）にすることを通知した（右図）。

　前述したように「総括的評価」では、単元等が終了した後に実施

「児童生徒の学習評価の在り方について」
（中央教育審議会初等中等教育分科会教育課程部会通知　抜粋）

　きめの細かい学習指導の充実と児童生徒一人一人の学習内容の着実な定着を図るため、各教科における児童生徒の学習状況を分析的に捉える観点別学習状況の評価と総括的にとらえる評定とについては、目標に準拠した評価として実施していくことが適当である

する単元テストや学期末、学年末考査等をもとに目標に準拠した評価が行われ、学習（指導）結果として外部への成績証明等にも用いられている。一方、「形成的評価」は、学習指導過程で行う小テストやドリル等をもとに行うだけではなく、日々の授業の中で日常的に行われる児童生徒の観察やコミュニケーション等を通しても行われる。つまり、児童生

徒の授業中の態度や発言等に対して教師が評価をすることもまた「形成的評価」なのである。このような、教師による授業過程における評価（「形成的評価」）は、児童生徒の学習意欲を喚起したり、学習の方向付けを行ったり、更には、児童生徒の学習観や教室文化を形成したりする役割も担っている。

　例えば、「間違いは誰にでも起こりうることであり、間違うことは悪いことではない」、「間違いや失敗を恐れず、隠さず、間違いや失敗を乗り越えて成功をめざすことに価値がある」ということを、教師が評価活動を通して児童生徒に日常的に繰り返し指導していれば、子どもたちは、間違うことを恐れて発言を控えることはしないだろう。そして、教師が児童生徒の「間違い」や「失敗」をうやむやにすることなく、正しく指摘することによって、間違いを恐れず間違いを克服する力が児童生徒に育っていくのである。更には、児童生徒の正しい解答であっても、それで良しと満足せず、必要に応じて更なる高みをめざした質の高い解答を求めたり、視点を変えて考えさせたりするなどの指導が子どもたちの一層の学力向上、人間的な成長に繋がっていくのである。

　このように、「評価」、特に「形成的評価」は、学習指導において重要な役割を果たす活動である。「何をいつどのように評価するのか」等々について、学習指導の全体計画の中に適切に位置づけ、**評価の在り方が子どもを育てる**ということを深く認識して指導に当たることが大切である。

*1)「指導要録」とは、児童生徒の学籍並びに指導の過程及び結果の要約を記録し、その後の指導及び外部に対する証明等に役立たせるための原簿となるものである。学校教育法施行規則第24条には、指導要録は各学校の校長が作成しなければならない旨が定められている。

*2) 小学校教員であった東井義雄は、学期末を迎えるたびに長嘆息するという教師の次のような手記を引用して「相対的評価」の矛盾を指

摘している。「手にもつペンは遅々として進まない。遂には目をつむって『２』と書き込む。そして又ため息をつく。これが成績評価をするときのいつもの私である。"あんなに頑張っていたのに、通知票に記入しなければならないのは、やっぱり『２』だ""自分を表現することができたぞーと誉め続けてきた遅進児のＴ君。でもやっぱり通知票には『１』だ"……終業式の後、通知票を渡し終えた私は、いつだって頬のこわばるのを感じる（略）」。東井はこの手記に全面的に賛同し、自らも評価結果を指導要録に転記するとき、「もうこれで、彼の成績は、公文書となって残り、私が転任しても死んでも、確固たるものとなって残っていくのだと思うと、しみじみ『つらい』と思う」と記している。

1969年２月、あるテレビ番組で、鹿児島県在住の視聴者（長女が小学校に通う保護者）からの「子供の成績について、クラスの中であらかじめ５や１が何人と決められているのは不合理である」という投書が紹介された。それを契機に保護者や学校の間で「相対的評価」に関する批判が巻き起こり、文部省を巻き込んだ社会問題となった。その後、文部省は1971年の指導要録の改訂に際し、「５段階に機械的に割り振ることのないように」と指示している。

[参考・引用文献]
▪ 中央教育審議会初等中等教育分科会教育課程部会「児童生徒の学習評価の在り方について（報告）」（2010〈平成22〉年３月24日）
▪ 東井義雄『東井義雄著作集』四巻、明治図書、1972
▪ 佐藤知条『教師・学校を論じる教育言説の転換 ― 1969年の「通信簿問題」の教育言説の分析から ―』2020

⑵ 授業力向上に繋げる授業参観・授業分析

①授業を観る

日本には日本特有のものとして「授業研究」*¹ という文化がある。教

師は、他者の授業を観たり、自分の授業を他者に観てもらったり、授業について議論したりする中で自らの授業を振り返り授業力を磨いていく。「授業参観（授業観察）」とは、他者の授業を観ることをいうが、授業者の力量を評価するためではなく、自らの授業改善の参考にする目的をもって行う場合が多い。

　授業参観（授業観察）の際によく見られる光景であるが、教室の後方に人集りができる。これでは、授業者や板書は見えるが、子どもの様子や表情が見えない。可能な範囲で子どもの表情やしぐさの見える場所（教室前方や側方）に移動して参観して欲しい。授業を行うときと同様、授業参観（授業観察）のときも立ち位置が重要である。授業者による説明や指示、発問の時に、子どもたちがどんな表情、どんな反応を示すかといったことは教室の後ろからではよく分からない。子どもの反応（指導結果としての「変容」）こそが、授業の善し悪しを決めるのだから、その変容をしっかり観ることのできる場所に位置することが大事なのである。もちろん、授業者や子どもたちの邪魔にならないように！

②授業参観・授業分析の視点

　授業参観（授業観察）の多くは、授業者の好意で授業を参観させていただくものである。漫然と参観したのでは授業者に失礼である。授業を参観する目的をハッキリさせて、メモを取りながら参観すべきである。

　授業参観後に、参観者と授業者による協議会（「授業研究会」）が開催される場合は、研究主題に沿って協議テーマ（授業参観の視点）が設けられていることもある。ここでは授業参観における一般的な授業参観・授業分析の視点について述べる。

　授業の1コマ（50分とする）は、概ね、導入（10分程度）と展開（35分程度）、まとめ・振り返り（5分程度）に区分される。それぞれの区分における基本的な参観・分析の視点は次頁図の通りである。

　授業参観の視点は、自ら授業を実践する際のポイントとなる視点でもあり、授業を改善する際の視点でもある。自らの授業における課題意識を焦点化して授業参観に臨むならば得るものは大きいはずである。

導入	・興味・関心を高める導入の工夫 ・本時の課題の適切な提示の工夫 ・展開への滑らかな移行
展開	・教材の適切性（難易度：子どもの理解度） ・発問（本時のねらいに迫る）の工夫 ・説明（簡潔、わかりやすさ、具体例等）の工夫 ・指示（明確性）、指名（評価、励まし） ・机間巡視（激励、実態把握、進度・理解度の把握） ・子どもの発言、思考活動を促す工夫、時間の保障
まとめ	・振り返り（理解度の把握・確認） ・要点整理の工夫 ・興味を高める次時の予告の工夫
全体	・視線（全体・個をとらえているか）、発声（抑揚、強弱）、位置 ・板書（わかりやすさ、表現、書く位置） ・指導内容の質と量（子どもの理解の深浅）、教材の提示・配列 ・学習形態の工夫 ・授業のきまりや子どもの授業態度の指導

授業参観（授業観察）・授業分析の視点

*1)「授業研究」とは、公開された授業に関して参観者が意見を交換し合い、よりよい授業のあり方について研究することで、教師自身の自己啓発・自己研鑽の場として機能している。日本における「授業研究」は、明治以来の日本の教育実践の中で育まれたとされているが、現在では世界各国で盛んに行われるようになった。その契機となったのは、カリフォルニア大学ロサンゼルス校（UCLA）の J. W. スティグラー教授他の著書「*The Teaching Gap*」である。著書の中で、日本の数学の学力の高さが「授業研究」によるものであると高く評価している。

[参考・引用文献]

- James W. Stigler, James Hiebert（原著）・湊三郎（訳）『日本の算数・数学教育に学べ ― 米国が注目する jugyou kenkyuu ―』教育出版、2002
- 佐藤学『専門家として教師を育てる ― 教師教育改革のグランドデザイン ―』岩波書店、2015

⑶ 子どもの学びと学力を保障するための基本的視座

①授業を構想する上での基本的視座

　童謡『ぞうさん』や『１年生に
なったら』で知られる詩人まどみ
ちおは、「世の中に、『？』（クエ
スチョンマーク）と『！』（エク
スクラメーションマーク）と両方
あれば、ほかには何もいらん」と
言っている。人生には不思議なこ
とや疑問に思うことがたくさんあ
り、思わぬ発見や心揺さぶられる

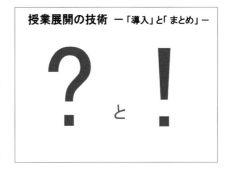

感動も同じくらい多くある。確かに、多くの発見や感動は人生に彩りを
与え、人生を豊かにしてくれる。

　学びの原点もまた、「疑問（クエスチョンマーク）」と「感動（エクス
クラメーションマーク）」にあるのではないだろうか。子どもは誰でも
「不思議」に飛びつく。知的好奇心は誰にでも備わった生得的なもので
ある。特に、子どもは多くのことに興味を示す。

　学びへの最初の動機はこの「不思議」、「疑問」にある。「不思議だな
あ、何故だろう？」と思うこと、それがどんなに小さな疑問であって
も、学びへと誘い、追求する姿勢・態度を呼び起こし、学びを後押しす
る。そして、その先にある発見や感動『！』に繋がる。更に、その発見
や感動が新たな不思議や疑問を生み、新たな学びを通して人間的な成長
に繋がっていくのである。**「生きた学力」**とは、そうした「不思議や疑
問」と「（探究的な）学び」、そして「発見や感動」の繰り返しによって
身に付き、強固になっていくものと思う。

　教師は、児童生徒に、そうした疑問をもたせるような仕掛けや不思議
を感じさせる工夫をすることが大切なのである。

　多くの子どもは、自分のこととして「疑問」をもつことができれば、
それが学びへのエネルギー、動機付けとなって解決に向けて主体的に動

く。が、しかし、現実にはそれだけでは前に進めない、動けない子どもがいる。

　動機付けを行うだけではなく、疑問を解決するための「手法（手立て）」を身に付けさせることも教師には必要なことなのである。それがあれば、子どもは前に進むことができる。

　授業を構想する上で大切なことは、「疑問」をもたせること、そしてその疑問を自分で解決する「手法（手立て）」を身に付けさせることであり、これが学校教育の大きな役割である。

　動機（「疑問」）がなければ子どもは動き出さない。疑問を解決する手法（手立て）がわからなければ子どもは前に進めないのである。

[参考・引用文献]

▪ 中村桂子『知の発見』朝日出版社、2015

②授業を展開する上での基本的視座

「児童生徒には、適性や資質・能力に違いがあっても、十分な学習時間と適切な指導が与えられるならば、定められた程度の基本的な学力を獲得することは可能である」という学力観や児童生徒観を、教師は自明のこととしてもつべきである。そして、すべての児童生徒に保障すべき学力の具体的内容をしっかりと認識し、責任をもって身に付けさせる（＝学力を保障する）という姿勢を堅持しなければならない。これは、もちろん、前述したように教科書をすべて覚えさせるということではない。指導内容を精選し、責任をもって指導すべきことを徹底して指導し、児童生徒自らの主体的な学びを促し、必要とされる資質・能力を身に付けさせるということである。

　また、同じ教材を用いて同じ年齢の子どもを対象に授業をしても、決して同じ授業展開にはならない。教師の個性や児童生徒の興味関心、その場の教室の状況等に応じて最適な授業展開は異なる。つまり、それぞれの授業あるいは単元について、唯一絶対の最適な授業展開が存在するということは有り得ない。従って、教師は子どもの適性や実態に即した

教材と指導方法、授業形態等の知識を数多く身に付け、引き出しに仕舞っておき、その場の状況に応じてそれらを適切に使い分ける力量をもたなければならないということでもある。

　そうした力量を身に付け更に高めるために、教師には多くの研修機会が与えられている。

3. 研　修

(1) 研修制度

　教師は各年齢段階（教職のライフステージ）において、解決すべき教育課題を抱え、それらと格闘しながら必要な力量を形成していく。抱える課題は多様であるが、多くの場合、教職経験や職務に応じた共通の課題があり、それらに即応した力量の形成が求められる。そこで、教職員には、そのライフステージに即した一定の研修システムが公的に準備されている。

　2006（平成18）年12月に改正された教育基本法においては、第9条として新たに教員の条が設けられ、教員の使命と職責、待遇の改善などとともに、教員は研究と修養（「研修」という）に励むべきことや、教員養成と教員研修の充実が図られるべきことが規定された（下図）。教員としての職責を果たすためには、絶えず研究と修養に努めなければならないことが再確認されたのである。特に、公立学校の教員は、一般の公務員と比較して研修が重要とされている。

　「第1章　教職の世界　5. 教職の魅力と適性」で述べたように、教員には多様な資質・能力が求められる。そうした資質・能力を確実に身に付けるための研修制度

教育基本法

第9条（教員）

　法律に定める学校の教員は、自己の崇高な使命を深く自覚し、絶えず研究と修養に励み、その職責の遂行に努めなければならない。

2　前項の教員については、その使命と職責の重要性にかんがみ、その身分は尊重され、待遇の適正が期せられるとともに、養成と研修の充実が図られなければならない。

が、教育基本法をもとに、教育公
務員特例法によって整えられてい
る（右図）。

教育公務員特例法では、研修に
関する計画や実施は、任命権者が
行うものと規定され、都道府県・
指定都市・中核市教育委員会等
は、法定研修（法律で実施が定め

> **教育公務員特例法**
>
> **第21条（研修）**
> 教育公務員は、その職責を遂行するために、絶えず研究と修
> 養に努めなければならない。
> 2 教育公務員の任命権者は、教育公務員の研修について、そ
> れに要する施設、研修を奨励するための方途その他研修に
> 関する計画を樹立し、その実施に努めなければならない。
> **第22条（研修の機会）**
> 教育公務員には、研修を受ける機会が与えられなければなら
> ない。
> 2 教員は授業に支障のない限り、本属長の承認を受けて、勤務
> 場所を離れて研修を行うことができる。
> 3 教育公務員は、任命権者の定めるところにより、現職のまま
> で、長期にわたる研修を受けることができる。

られている研修）である「初任者研修」や「中堅教諭等資質向上研修」
をはじめ、各種研修の体系的な整備を図っている。

⑵ 初任者研修

新規採用された教員には、採用
された日から１年間、実践的指導
力と使命感を養うとともに、幅広
い知見を得させるため、学級や教
科・科目を担当しながら実践的研
修（「初任者研修」）を行うことが
教育公務員特例法第23条で定め
られている（右図）。

> **教育公務員特例法**
>
> **第23条（初任者研修）**
> 公立の小学校等の教諭等の任命権者は、当該教諭等に対して、その採用
> の日から一年間の教諭又は保育教諭の職務の遂行に必要な事項に関す
> る実践的な研修（「初任者研修」）を実施しなければならない。
> 2 任命権者は、初任者研修を受ける者の所属する学校の副校長、教頭、
> 主幹教諭、指導教諭、教諭、主幹保育教諭、指導保育教諭、保育教諭又
> は講師のうちから、指導教員を命じるものとする。
> **第24条（中堅教諭等資質向上研修）**
> 公立の小学校等の教諭等の任命権者は、当該教諭等に対して、個々の能
> 力、適性等に応じて、公立の小学校等における教育に関し相当の経験を
> 有し、その教育活動その他の学校運営の円滑かつ効果的な実施において
> 中核的な役割を果たすことが期待される中堅教諭等としての職務を遂行
> する上で必要とされる資質の向上を図るために必要な事項に関する研修
> （「中堅教諭等資質向上研修」）を実施しなければならない。
> 2 任命権者は、中堅教諭等資質向上研修を実施するに当たり、中堅教諭
> 等資質向上研修を受ける者の能力、適性等について評価を行い、その結
> 果に基づき、当該者ごとに中堅教諭等資質向上研修に関する計画書を作
> 成しなければならない。

⑶ 中堅教諭等資質向上研修

在職期間が十年に達した教諭等に対して資質の向上を図る目的でこれ
まで実施していた研修（「十年経験者研修」）が、「教員免許更新制」（後
述）が制度化されたこともあって、2016（平成28）年に教育公務員特
例法が改正され、「中堅教諭等資質向上研修」が行われることとなった
（教育公務員特例法　第24条　上図）。

この研修は、相当の経験を有し、その教育活動その他の学校運営の円

滑かつ効果的な実施において中核的な役割を果たすことが期待される中堅教諭等を対象に行うもので、個々の教員の能力、適性等に応じて作成した計画書をもとに、教科や生徒指導等の指導力の向上や得意分野づくりを促すことをねらいとしている。

「初任者研修」や「中堅教諭等資質向上研修」では、校内（在籍校）と校外（在籍校以外）において、ベテラン教員や指導主事等が指導者となって指導に当たる（右図）。

初任者研修及び中堅教諭等資質向上研修

	対象者	根拠法	研修場所	研修期間	研修内容	指導者
初任者研修	新規採用者	教育公務員特例法第23条	校内	週10時間年100時間以上	・教員に必要な素養 ・授業研修	ベテラン教員
			校外	年25日以上	・教育センター講義・演習 ・企業・福祉施設等の体験 ・青少年教育施設での宿泊研修	指導主事
中堅教諭等資質向上研修	中核的な役割を果たすことが期待される中堅教諭等	教育公務員特例法第24条	主に校内	地域等の実情による	・授業研修 ・教材研究等	校長教頭教務主任指導主事等
			主に校外	地域等の実情による	・模擬授業 ・教材研究 ・ケーススタディ ・大学院授業参加	

⑷ その他の研修

法定研修ではないが、都道府県・指定都市・中核市教育委員会等では、教職経験５年目等の教職経験に応じた研修や校長・教頭・教務主任等の職能に応じた研修、教科指導や生徒指導に関する専門的な研修等を主に校外（在籍校以外）で実施している。校外研修は、教員研修を専門に行う教育センター又は教育研究所等で行われている（右図は秋田県総合教育センターが行っている教員研修の例である。詳細は HP 参照のこと）。

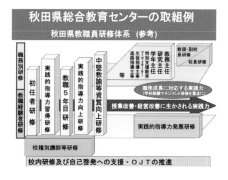

また、長期研修として「長期社会体験研修」や「教職大学院派遣研修」等がある。「長期社会体験研修」は、現職の教員を概ね１か月から１年程度、民間企業や社会福祉施設等の学校以外の施設へ派遣する研修で、「教職大学院派遣研修」は、給料を支給し、現職教員を教職大学院へ派遣する研修である。期間は概ね２年である。また別に、「大学院修

学休業制度」による研修がある。この研修中は無給であるが、公立学校の教員が日々の教職経験を通じて培った課題意識などをもとに、休業して国内や海外の大学院で学び、専修免許状を取得することを可能とするもので、期間は1年から3年である。

　国が行う教職員研修としては、教育に関する喫緊の重要課題等を主なテーマとして教育推進のために行う「指導者養成研修」や校長・教頭等を対象とする「学校管理研修」等がある。

　秋田県では、正式な教員として採用されていないが、教育現場で直接、児童生徒の指導に当たる講師（臨時、非常勤）等を対象とした授業研修（「校種別講師等研修」）も実施している。

　2017（平成29）年4月に教育公務員特例法が改正され、任命権者には、教員等の職責、経験及び適性に応じて向上を図るべき資質に関する指標（「**教員育成指標**」）を定めることが義務付けられた。都道府県・指定都市・中核市教育委員会等では、策定した「教員育成指標」に沿って、教員のキャリアステージに応じた資質・能力の育成のための研修の充実に努めている（「第9章　秋田県教育を支える取り組み　5.『秋田県教員育成指標』と教員研修の充実」参照）。

　教育委員会等による公的な研修機会の提供と質の充実は、教員の資質・能力の向上には必要不可欠なものではあるが、各学校においても、学校単独で独自の研究課題を設定し学校の特色を活かした校内研修を実施している。また、各地域によっては、学校種を超えて小中高の教員が共通課題を設定して研修を行ったり、あるいは有志による教科研修を行ったりするなどして資質・能力の向上を図る取り組みも数多くみられる。

4．教員免許更新制

　2009（平成21）年、「教員免許更新制」が導入された。この制度は、その時々で求められる教員として必要な資質・能力が保持されるよう、

定期的に最新の知識技能を身に付けることで、教員が自信と誇りを持って教壇に立ち、社会の尊敬と信頼を得ることを目指すものである。

(1) 教員免許状の有効期間

　普通免許状及び特別免許状には10年の有効期間が定められている（右図再掲）。従って、免許状の有効期間を更新する必要があり、そのためには、大学等が開設する免許状更新講習を受講・修了し、修了確認を受ける必要がある。万が一受けられなかった場合には、免許状はその効力を失う

```
　　　教員免許状の種類
① 普通免許状
　*有効範囲：すべての都道府県
　　有効期間：10年
　　　種類：専修免許状 修士（大学院卒）
　　　　　　一種免許状 学士（学部卒）
　　　　　　二種免許状 短期大学士（短期大学卒）
② 特別免許状（担当教科に関する専門的知識・技能）
　*有効範囲：授与を受けた都道府県
　　有効期間：10年
③ 臨時免許状（普通免許状を有する者を採用できない場合の特例）
　*有効範囲：授与を受けた都道府県
　　有効期間：3年

* 教員として勤務できる地域
```

ことになる（「第2章　憧れから確かな志望に　1．教員免許制度」参照）。

(2) 更新講習の受講対象者及び免除対象者

　免許状更新講習を受講することができる者は、現職教員（指導改善研修中の者*1を除く）と教員採用内定者、教員として勤務した経験のある者等である。

　免許状更新講習を受講せずに免許管理者に申請を行うことによって更新できる者（免除対象者）は、校長・副校長・教頭等、教員を指導する立場にある者等である。

*1)「指導改善研修」とは、教育公務員特例法第25条に「公立の小学校等の教諭等の任命権者は、児童、生徒又は幼児に対する指導が不適切であると認定した教諭等に対して、その能力、適性等に応じて、当該指導の改善を図るために必要な事項に関する研修（『指導改善

研修』）を実施しなければならない」と規定されている研修のことである。この研修を受けている者は、免許状更新講習を受講することができない。

⑶ 免許状更新講習の内容

　免許状更新講習は、大学や教育委員会等において、最新の知識技能の修得を目的として文部科学大臣の認定を受けて開設される。

　受講者は、本人の専門や課題意識に応じて、教職課程をもつ大学などが次の３つの領域で開設する講習の中から必要な講習（合計30時間以上）を選択し、受講・修了する必要がある。

①必修領域（６時間以上）
　全ての受講者が受講する領域
　　▪ 国の教育政策や世界の教育の動向
　　▪ 教員としての子ども観、教育観等についての省察
　　▪ 子どもの発達に関する脳科学、心理学等における最新の知見（特別支援教育に関するものを含む）
　　▪ 子どもの生活の変化を踏まえた課題

②選択必修領域（６時間以上）
　受講者が所有する免許状の種類、勤務する学校の種類又は教育職員としての経験に応じ、選択して受講する領域
　次の事項の中から１つ（又は２つ）の内容について開設される。
　　▪ 学校を巡る近年の状況の変化
　　▪ 学習指導要領の改訂の動向等
　　▪ 法令改正及び国の審議会の状況等
　　▪ 様々な問題に対する組織的対応の必要性
　　▪ 学校における危機管理上の課題
　　▪ 教科横断的な視点からの教育活動の改善を支える教育課程の編

　成、実施、評価及び改善の一連の取組（いわゆる「カリキュラ
　ム・マネジメント」）
- 育成を目指す資質及び能力を育むための主体的・対話的な深い学
　びの実現に向けた授業改善
- 教育相談（いじめ及び不登校への対応を含む）
- 進路指導及びキャリア教育
- 学校、家庭及び地域の連携及び協働
- 道徳教育
- 英語教育
- 国際理解及び異文化理解教育
- 教育の情報化（情報通信技術を利用した指導及び情報教育〈情報
　モラルを含む〉等）
- その他文部科学大臣が必要と認める内容

③選択領域（18時間以上）

　受講者が任意に選択して受講する領域

　幼児、児童又は生徒に対する教科指導及び生徒指導上の課題について開設される。

　講習の開設は、長期休業期間中や土日での開講を基本とするとともに、通信・インターネットや放送による形態なども認められている。

⑷　その他

　複数の免許状を所有する者の有効期間は、最後に授与された免許状の有効期間に統一することとしている。複数の免許状を所有している者であっても、合計30時間以上の講習を修了することにより、すべての免許状の有効期間が更新される。

第4章 未来を生きる子どもたちのために
― 教育の責任 ―

「教育」は『未来への投資』であるといわれる。また、『未来への責任』であるともいわれる。なぜならそれは、子どもたちが将来、潤いのある豊かな社会を創造しながら、たくましく幸せな人生を歩んでいくための資質・能力を育てることが教育者の務めであるからである。数年後、近い未来社会において、主役となって活躍している人々は、今学校で学んでいる児童生徒であることは確かなことである。

時代は今、大きな変化の時を迎えている。人類がこれまでに経験したことのない**超スマート社会（Society 5.0）**＊1の時代が到来しつつあるといわれる。政治や経済はいうまでもなく、あらゆる分野において変化が激しく、予測困難な社会の中で、教育においても変革の波が打ち寄せている。新型コロナウイルスの感染拡大という未曾有の災禍も、これからの学校教育の有り様を大きく変えることが予想される（「第5章　コロナ禍の中での学びの保障とコロナ後の教育」参照）。

俳聖といわれる松尾芭蕉が『奥の細道』の旅の中で見出した蕉風俳諧の理念の一つに『**不易と流行**』という考えがある＊2。その意味するところは、「不変の真理を知らなければ基礎は確立せず、変化を知らなければ新たな進展がない」ということであり、そして、両者の根本は一つである（『不易』と『流行』は一体）ということである。『不易』とは、時を超えた不変の真理をさし、『流行』とは、時代や環境の変化によって革新されていくことを意味する。

この『不易』と『流行』という言葉は、臨時教育審議会＊3の答申の中で用いられてから、教育界でも広く使われるようになった。答申では、「両面（『不易』と『流行』）を統一することを忘れて、前者のみに固執すれば、教育は独断、硬直に陥り、後者のみに流されれば、教育は軽佻浮薄に堕するであろう」と述べている。

学校はしばしば変化への対応が遅いといわれる。多くの教員が、『流

行』という言葉に一過性のもの、軽佻浮薄というイメージを抱き、時代を超えて変わらないもの、つまり『不易』にこそ価値がある、と考える傾向にあるからではないか。しかし、もはや、変えること、改革することを躊躇ってはいられない。時代は変革を求めているのである。問題は、何を変え、何を変えないかである。そして変えるとすればどのように変えるべきか、ということである。その答えのいくつかは、「改訂学習指導要領」*4の中にある。

　本章では、変化の激しいこれからの社会を見据えて、教育が進もうとしている方向性について、特に、日本の教育改革（特に、学習指導要領の改訂）と世界の動きについて考察する。

　松尾芭蕉は次のようにもいっている。変わらぬものを変わらぬ方法で伝えるのではなく、変わらぬものを変わりゆくときの流れに合わせ、新たな価値を加えて認識させていくよう努力することが大切であると。

*1) 第5期科学技術基本計画（2016〜2020）の中で、Society 5.0とは、IoT（Internet of Things）によりサイバー空間（仮想空間）とフィジカル空間（現実空間）を連携し、すべての物や情報、人を一つにつなぐとともに、AI等の活用により一人ひとりのニーズに合わせる形で社会的課題を解決する新たな社会のことをいうとしている。人類は狩猟社会（Society 1.0）に始まり、農耕社会（Society 2.0）、工業社会（Society 3.0）へと変化し、現在は情報社会（Society 4.0）に到達し、次なる社会がSociety 5.0で「超スマート社会」といわれ、右図のよ

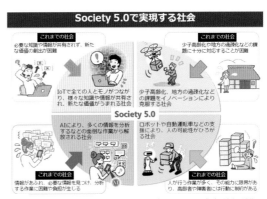

(内閣府 Society 5.0「科学技術イノベーションが拓く〈新たな社会〉」から抜粋)

うな社会が実現されると期待されている。

*2) 松尾芭蕉は、俳諧上達の秘訣を問われ、「過去の自分に飽きることだ」と答えたとされる。その意味は、常に努力を重ね、更に新境地を切り開こうとするからこそ、そこに進歩があり、物事の根本・本質により近づけると考えての発言であり、本質的なもの『不易』を追求するためには、常に変化していかねばならないのであり、変化する場合（『流行』）も本質的なもの（『不易』）を踏まえていかねばならないと解釈することができる。

*3) 臨時教育審議会（略称「臨教審」）は、「我が国における社会の変化及び文化の発展に対応する教育の実現を期して各般にわたる施策に関し必要な改革を図るための基本的方策について」という内閣総理大臣の諮問（識者に意見を求めること）に応じて、1984年に総理府（2001年に内閣府に統合された）に設置された学識経験者等による審議会である。
「二十一世紀を展望した教育の在り方」等について長期的な観点から広く議論し、特に(1)個性重視、(2)生涯学習体系への移行、(3)国際化・情報化など時代の変化への対応　の三つを改革の基本理念として多岐にわたる改革提言（答申）を行った。

*4) 「学習指導要領」は、学校における教育水準を確保する目的で、1947（昭和22）年に「学習指導要領（試案）」として定められ、1958（昭和33）年以降は文部大臣（現文部科学大臣）の公示制度として拘束性をもつようになり、およそ10年毎に改訂を行ってきている。学習指導要領には、小学校や中学校、高等学校の教育課程の編成、指導すべき教科（国語や算数、理科、社会など）やその目標、内容（小学校「国語」では、「言葉の働き」や「話し言葉と書き言葉」、「漢字」、「語彙」など）、各教科等の指導計画作成の配慮事項（例えば指導順序として高等学校「数学」では、「数学Ⅱ」や「数学

Ⅲ」を履修させる場合は、「数学Ⅰ」を指導したうえで「数学Ⅱ」「数学Ⅲ」の順に履修させることを原則とすること）等が示されている。この度の改訂は、2017年に小学校及び中学校、2018年に高等学校と特別支援学校に関して行われ、小学校は2020年度、中学校は2021年度から全面実施され、高等学校等は2022年度に入学した生徒から順次学年進行で実施される。

［参考・引用文献］
- 向井去来　穎原退蔵校訂『去来抄・三冊子・旅寝論』岩波書店、1993
- 能勢朝次『三冊子評釈』三省堂出版、1954

1．社会の変化とこれからの教育

　1990年代後半、社会はインターネットや携帯電話等の普及にともない、工業社会（Society 3.0）から情報社会（Society 4.0）にシフトしたといわれている。工業社会では、産業・経済の発展に伴う大量生産、大量消費という社会システムを維持するために、必要とされる最低限の知識や技能が求められていた。しかし、新しいテクノロジーが生まれ、社会で求められる能力が高度化すると、必要とされる知識もその質や水準、更にはその活用の在り方が問われるようになった。そのため学校教育においても、知識量の多寡ではなく、知識の創造と活用といった資質・能力を育成する観点から、教育改革への社会的要請が高まってきたのである。

　情報社会は知識基盤社会ともいわれ、知識の果たす役割が飛躍的に増大し、知識をいかに創造して効果的に活用していくかが経済的な活動の基盤となっている。また、社会のグローバル化に伴い、知識や人材は国境を越えて移動し、新たな知識が次々と生み出され技術革新が加速度的に繰り返されている。こうした変化の激しい社会では、既存の知識や技術がわずかな間に通用しない古いものになりかねない状況も生まれている。今日のグローバルな知識基盤社会では、領域固有の知識や技術だけ

でなく、領域を超えてより汎用的に活用できる知識や技術を身に付け、更にそれらを積極的に活用しようとする態度や能力、すなわち、生きて働く力（資質・能力＝コンピテンシー〈後述〉）を身に付けることが必要なのである。

　かつて、アメリカの教育哲学者であり社会思想家でもあるジョン・デューイ（John Dewey、1859～1952）は、知識は価値を得るための道具に過ぎないと考えた。彼は、知識や技術を学ぶ際には、その知識・技術のみを教わっても意味がなく、何らかの問題解決の道具として用いる学習を通して習得されて初めて意味をもつとしている（『学校と社会』）。しかし、長い間、アメリカに限らず日本においても、「知識」は客観的で絶対的なものであると見做し、学習とはそうした「知識」を獲得し、できるだけ多く蓄積することであるとの考え方が支配的であった。

　1990年代初頭、アメリカの教育心理学者 J. ハーリー（Jane M. Healy）は、その著『滅びゆく思考力』の中で、「教育的に重要であるが物差しで測りにくいことが、教育的には重要でないが測りやすいことへと置き換えられています。いまでは学ぶ価値のないことをどれほどうまく教えたか、我々はそればかり測っているのです。」というアーサー・コスタの言葉を引用して、当時のアメリカの教育の問題点を指摘し、思考力を育てる教育の必要を力説している。日本においても認知心理学者の佐伯胖は、「（学校教育で）身についた学力というものは本当に実生活で役立てられる力になっているのでしょうか」と、「学力」の在り方に警鐘を鳴らしている（『すぐれた授業とは何か』）。

　近年、人間にとっての「知識」の意味や「知識」の獲得などの人間の知的行為に関する多くの研究は、知識は自分と離れた永遠不変なものではなく、自分の経験を通して身に付いた知識、すなわち個人的知識 *1 であり、人間の生活する世界をよりよく理解したり、問題解決や創造したりする目的に役立つ道具の性格をもつものであると認識されるようになった。つまり、「知識」はそれを獲得すること自体が目的ではなく、問題解決の"道具・手段"として身に付けるべきものなのであるという

認識が広まった。

　こうした「知識観」の変容とともに、知識の獲得過程に関する研究も進み、学校教育における「学力観」も大きな変容を遂げている。かつては、学校教育で児童生徒に身に付けるべき学力とは、目に見える「知識・技能」であると捉えられていたが、現在、そしてこれからの教育では、J.ハーリーがかつて述べていた、物差しでは測りにくい（目に見えにくい）が教育的には重要である「思考力」や、更には「学ぶ意欲」といった力も「学力」と捉え、学校教育の中で鍛え育てるべきであるとしている。

　こうした「知識」や「学力」の考え方が、学校教育の要である「学習指導要領」の改訂につながっている。

*1) あらゆる「知識」（事実的な知識のみならず概念的な知識も含む）は、唯一絶対、普遍的なものではなく、学習過程において試行錯誤をすることなどを通じて、新しい知識と既得の知識が関係づけられて構造化されたり、知識と経験が結びつくことで身体化されたりして、様々な場面で活用できるものとして獲得されると考える。従って「個人的知識」の個人的というのは、個人によって獲得過程や構造化の状況、更には新たな創造の過程も異なるという意味である。「知識」は文脈依存的であるともいう。

[参考・引用文献]

- ジョン・デューイ（John Dewey）、宮原誠一訳『学校と社会』岩波書店、1957
- J.ハーリー、西村辨作・新美明夫編訳『滅びゆく思考力』大修館書店、1992
- 佐伯胖他『すぐれた授業とは何か』東京大学出版会、1989
- 中央教育審議会初等中等教育分科会配付資料『「知識」についての考え方のイメージ』（たたき台）
- マイケル・ポラニー、長尾史郎訳『個人的知識 ― 脱批判哲学をめざ

して ―』ハーベスト社、1985

２．学習指導要領の改訂と学力観の転換

⑴ 学習指導要領の改訂

「学習指導要領」は、学校における教育水準を確保する目的で、文部科学省がおよそ10年毎に改訂を行ってきている。そして、この度の学習指導要領改訂は、2017年に小学校及び中学校、2018年に高等学校と特別支援学校に関して行われ、小学校は2020年度、中学校は2021年度から全面実施され、高等学校等は2022年度に入学した生徒から順次学年進行で実施されることは既に述べた通りである。

この度の改訂における、教育内容に関する主な改善点は、

①学習の基盤となる「**言語能力の確実な育成**」（小中高）
②統計教育や自然災害に関することなど、「**理数教育の充実**」（小中高）
③古典などの言語文化や文化財・郷土の音楽など、「**伝統や文化に関する教育の充実**」（小中高）
④道徳の特別教科化等による「**道徳教育の充実**」（小中高）
⑤自然の大切さや他者との協働の重要性を実感するための「**体験活動の充実**」（小中高）
⑥小学校の中学年に「外国語活動」、高学年に「外国語科」を導入するなど「**外国語教育の充実**」（小中高）
⑦就業体験等を通じた望ましい勤労観、職業観の育成など「**職業教育の充実**」（高）

などである。

　この度の改訂においては、教育内容に止まらず、子どもの知識獲得過程（学習方法）にも言及するなど、多くの点でこれまでの改訂とは異なっている。例えば、新たに「前文」を設け、改革の理念が社会で広く共有されるようにしたこともこれまでと異なる点の一つである。

　小学校学習指導要領前文では、「一人一人の児童が、自分のよさや可能性を認識するとともに、あらゆる他者を価値のある存在として尊重し、多様な人々と協働しながら様々な社会的変化を乗り越え、豊かな人生を切り拓き、持続可能な社会の創り手となることができるようにすることが求められる」と、学校教育において **「持続可能な社会の創り手」** になる力を育てることを目標にすると高らかに宣言している。中学校や高等学校の学習指導要領においても同様に、「持続可能な社会の創り手となること」が示されている（右図：高等学校学習指導要領〈前文〉一部抜粋参照）。

> **高等学校学習指導要領（前文）**　（一部抜粋）
>
> 　これからの学校には、…一人一人の生徒が，自分のよさや可能性を認識するとともに、あらゆる他者を価値のある存在として尊重し，多様な人々と協働しながら様々な社会的変化を乗り越え，豊かな人生を切り拓き，持続可能な社会の創り手となることができるようにすることが求められる。…
>
> 　教育課程を通して，これからの時代に求められる教育を実現していくためには，よりよい学校教育を通してよりよい社会を創るという理念を学校と社会とが共有し，それぞれの学校において，必要な学習内容をどのように学び，どのような資質・能力を身に付けられるようにするのかを教育課程において明確にしながら，社会との連携及び協働によりその実現を図っていくという，社会に開かれた教育課程の実現が重要となる。

　また前文では、「これからの時代に求められる教育を実現していくためには、よりよい学校教育を通してよりよい社会を創るという理念を学校と社会とが共有」し、「社会との連携及び協働によりその実現を図っていく」として、**「社会に開かれた教育課程」** という理念を打ち出している。

　これまでの学校教育では、将来の社会変化に対応し、社会からの要請に答えることができる児童生徒の育成が求められてきた。しかし、これからの学校教育には、積極的に社会と関わり、望ましい社会の変化に貢献する人材、すなわち、よりよい学校教育を通してよりよい社会を創るという積極的志向をもった人材育成が期待されているということである。この度の学習指導要領改訂は、こうした未来改革志向という点からも大きな改革であるといえる。更に大きな転換は、学力観を見直し、育てるべき資質・能力の観点から各教科等の目標や評価の在り方に大きな

変更を行った点である。教育心理学者の奈須正裕は、こうした変化を
『コペルニクス的転回』といっている。

[参考・引用文献]
- 文部科学省『小学校（平成29年告示）学習指導要領』平成29年3月
- 文部科学省『中学校（平成29年告示）学習指導要領』平成29年3月
- 文部科学省『高等学校（平成30年告示）学習指導要領』平成30年3月
- 文部科学省「平成29・30年改訂学習指導要領、解説」
- 奈須正裕『次代の学びを創る知恵とワザ』ぎょうせい、2020

⑵ 学力観の転換

　これまでの学校教育においては、「何を理解しているか、何ができる
か」といった各教科固有の知識や技能の習得に重点が置かれてきた。つ
まり、児童生徒が身に付ける力として、例えば、漢字の意味がわかって
書けるとか、計算ができる、といったいわゆる目に見える「知識」や
「技能」を学力と捉え、それらを測定・評価する傾向が強かった。

　2017年度の学習指導要領改訂では、「**知識**」や「**技能**」のみならず、
それらを活用して問題解決を図るための「**思考力・判断力・表現力等**」、

更には、粘り強く問題解
決に取り組む意欲や態
度、自己調整能力といっ
た「**学びに向かう力、人
間性等**」も育成すべき**資
質・能力** *1 と捉え、す
べての教科等の目標を、
この資質・能力の３つの
柱（右図）を基盤とする
ことが示された。具体的

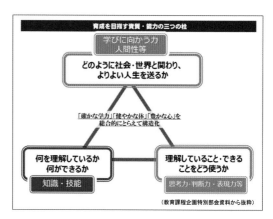

には、教科等によって多少表現は
異なるが、中学校数学科の目標
（右図上）のように、各教科とも、
「○○な見方・考え方を働かせ、
□□活動を通して、△△に考える
資質・能力を次のとおり育成する
ことを目指す」として、

(1) 「知識・技能」
(2) 「思考力、判断力、表現
　　力等」
(3) 「学びに向かう力、人間
　　性等」

が教科の特質に即して記述され
ている。

中学校学習指導要領の数学科の目標

数学的な見方・考え方を働かせ、数学的活動を通して、数学的に考える資質・能力を次のとおり育成することを目指す。

(1)数量や図形などについての基礎的な概念や原理・法則などを理解するとともに、事象を数学化したり、数学的に解釈したり、数学的に表現・処理したりする技能を身に付けるようにする。

(2)数学を活用して事象を論理的に考察する力、数量や図形などの性質を見いだし統合的・発展的に考察する力、数学的な表現を用いて事象を簡潔・明瞭・的確に表現する力を養う。

(3)数学的活動の楽しさや数学のよさを実感して粘り強く考え、数学を生活や学習に生かそうとする態度、問題解決の過程を振り返って評価・改善しようとする態度を養う。

学校教育法
第4章 小学校

第三十条 2（前略）生涯にわたり学習する基盤が培われるよう、基礎的な知識及び技能を習得させるとともに、これらを活用して課題を解決するために必要な思考力、判断力、表現力その他の能力をはぐくみ、主体的に学習に取り組む態度を養うことに、特に意を用いなければならない。

（この規定は、中学校、高等学校等に準用する。）

　この育成すべき資質・能力の三つの柱は、学校教育法第30条第2項（右図下）に規定された「学力の3要素」の「知識及び技能」、「思考力、判断力、表現力その他の能力」、そして「主体的に学習に取り組む態度」に対応している。更に、この「知識及び技能」、「思考力、判断力、表現力その他の能力」、「主体的に学習に取り組む態度」は、児童生徒の学習を評価する際の「評価の観点」とすることで、指導要録＊2や調査書等の様式を変更するなどの改善も図られている。

　学校教育活動の基盤である「学校教育法」に規定された**「学力の3要素」**と、「学習指導要領」で掲げる**「育成を目指す資質・能力の三つの柱」**、そして**「評価の観点」**との整合性が、この度の学習指導要領の改訂によって図られたのである。

　このような育成すべき資質・能力及び学力観は、経済協力開発機構（OECD）など世界各国の学力論とも見事に符合している。

　次に、教育施策の転換など、我が国のみならず世界の教育に大きな影

響を及ぼしている国際連合教育科学文化機関（ユネスコ）や経済協力開発機構（OECD）の能力概念について考える。

＊1)「資質」及び「能力」という言葉は、教育基本法第5条第2項において表れる。ここでは、義務教育の目的が「各個人の有する**能力**を伸ばしつつ社会において自立的に生きる基礎を培い、また、国家及び社会の形成者として必要とされる基本的な**資質**を養うこと」であるとして使われている。ここで使われている「資質」は、「教育は、先天的な資質を更に向上させることと、一定の資質を後天的に身に付けさせるという両方の観点をもつものである」とされている（田中壯一郎監修『逐条解説改正教育基本法』〈2007年〉参照）。文部科学省では、資質と能力を分けて定義せず、「**資質・能力**」として一体的に捉えた用語として用いている。

＊2) 指導要録は、児童生徒の学籍並びに指導の過程及び結果の要約を記録し、その後の指導及び外部に対する証明等に役立たせるための原簿である（文部科学省通知）。学校教育法施行規則第24条に、各学校の校長が作成しなければならないと定められている。学籍に関する記録と指導に関する記録からなり、学籍に関するものは20年間、指導に関するものは5年間保存するものとされている（「第3章　学び続ける教師　2．授業の世界と可能性」参照）。

［参考・引用文献］
▪ 奈須正裕編集代表『知識基盤社会を生き抜く子どもを育てる　コンピテンシー・ベイスの授業づくり』ぎょうせい、2014

3. 国際連合教育科学文化機関（ユネスコ）及び経済協力開発機構（OECD）の報告書にみる世界の教育の動向 ― これからの社会のあるべき教育の姿 ―

　今日の日本を含めた世界の教育改革の発端は、国際連合教育科学文化機関（U.N.E.S.C.O.〈ユネスコ〉：United Nations Educational, Scientific and Cultural Organization）が1991年に設置した**二十一世紀教育国際委員会**の報告書「**学習：秘められた宝（Learning: The Treasure within）**」*¹であるといわれている。

　この委員会の委員は、ヨーロッパをはじめ、アフリカ、北米、中南米、中東、アジア（含日本）と多様な文化的背景をもつ14名で構成され、そのうち9名は首相・大臣経験者であった。報告書では、21世紀に向けて教育を再構築するための基本的な柱として、「学習の四本柱」を挙げている（右図）。

学習：秘められた宝
(Learning:The Treasure within)
1. **知ることを学ぶ(Learning to know)**
・単にマニュアル化・体系化された知識、技術を獲得するのではなく知識獲得の手立てそのものを修得すること
2. **為すことを学ぶ(Learning to do)**
・知識を実践に結びつけること。学習を将来の仕事に結びつけたり、知識を新たな職業や雇用を生み出す改革に結びつけたりすること
3. **共に生きることを学ぶ(Learning to live together)**
①他者との違いや多くの共通点を認識し、相互に依存していることを理解すること(他者の発見：Discovering others)
②他者の差異よりも共通性に心が向かうよう共同活動を行うこと(共通目標のための共同作業：Working towards common objectives)
4. **人間として生きることを学ぶ(Learning to be)**
・21世紀は才能や個性の多様性を必要とする。いかに生きるべきかを学ぶ教育は個人の全面的な発達に寄与し、社会の発展のための最良の機会を与える。
（ユネスコ「21世紀教育国際委員会」報告書 をもとに作成）

　報告書では、従来の教育、特に学校教育においては、第1の柱である「知ることを学ぶ」を極めて重視し、ついで第2の柱を、そして第3、第4の柱は前2本の柱の当然の帰結か、あるいは偶然の産物と考えていたとして、これからは、四本柱を同等に重視しながらそれぞれが多くの接点をもち、かつ相互に交差して不可分の一体をなすことを強調している。そして「今やより包括的な教育の在り方を考えることが肝要なのである。この見地に立って、将来の教育（その内容も方法も）を改革」しなければならない、と勧告している。

　経済協力開発機構（OECD）は、「読解力」や「数学的リテラシー」、「科学的リテラシー」*²を測る**「生徒の学習到達度調査」（PISA〈ピ**

サ〉：Programme for International Student Assessment）や教員の勤務環境等の調査である**「国際教員指導環境調査」**（TALIS〈タリス〉：Teaching and Learning International Survey）の実施で知られている（「第1章　教職の世界　2. 教師の働き方、5. 教職の魅力と適性」参照）。

「生徒の学習到達度調査」（PISA）は、2000年から3年ごとに実施しているが、2000年調査時は参加国が32か国（OECD加盟28か国、非加盟4か国）であったが、2018年には79の国・地域（OECD加盟37か国、非加盟42か国・地域）と大幅に拡大し、約60万人の生徒が調査対象となっている。

　OECDは調査を開始するにあたり、1997年に世界中の研究者等（統計家、経済学者、人類学者、社会学者、哲学者、歴史家、政策担当者、政策研究者など）による**DeSeCo（デセコ）プロジェクト**（Definition and Selection of Competencies: Theoretical and Conceptual Foundation：「コンピテンシーの定義と選択：その理論的・概念的基礎」）を組織し、まず「何を測定すべきか」に関する協議を通して「主要能力（キー・コンピテンシー）」*3を定義している。そこでは、単なる知識や技能の習得だけではなく、「個人の人生の成功」と「正常に機能する（良好な）社会」を形成するための主要能力として3つのカテゴリーを選択・定義している（右図）。

OECD-DeSeCoの主要能力（キー・コンピテンシー）

カテゴリー1		
相互作用的に道具を用いる能力	A	言語、シンボル、テクストを相互作用的に用いる能力
	B	知識や情報を相互作用的に用いる能力
	C	技術（テクノロジー）を相互作用的に用いる能力
カテゴリー2		
異質な人々からなる集団で相互に関わり合う能力	A	他者と良い関係を築く能力
	B	チームを組んで協働し、仕事をする能力
	C	対立を調整し、解決する能力
カテゴリー3		
自律的に行動する能力	A	大きな展望の中で活動する能力
	B	人生計画や個人的プロジェクトを設計し、実行する能力
	C	自らの権利、利害、限界、ニーズを擁護し、主張する能力

※ 道具とは、言語・情報・知識等のツールのこと。
　相互作用的とは、人が周囲の環境と積極的に対話をすること。

（OECD「THE DEFINITION AND SELECTION OF KEY COMPETENCIES」(2005)及び
　国立教育政策研究所「社会の変化に対応する資質や能力を育成する教育課程編成の基本原理」(2013)をもとに作成）

　この中で、「生徒の学習到達度調査」（PISA）で測定しているものは、道具（言語や情報、知識等）を相互作用的に用いる能力、つまり、「道具」を使って対象世界と対話する能力（カテゴリー1）であり、測定可能なものを「読解力」や「数学的リテラシー」、「科学的リテラシー」として測定しているのである。

　OECDでは更に、21世紀のあるべき教育の姿を世界に発信するために「**Education 2030プロジェクト**」*4を立ち上げ、2015年から活動を開始している。2018年に学校に入る子どもは、2030年には成人として社会に出て行くことになる。このプロジェクトは、2030年という近未来において求められる資質・能力（コンピテンシー）を検討するとともに、そうした資質・能力の育成のための教授法や学習評価について、更には、指導に当たる教師に求められる資質・能力について世界中の政府や民間機関などとも連携しながら検討するものである。

　プロジェクトでは、検討した成果を簡潔にまとめた概要報告書（初期段階の成果）を2018年に出している。「2030年に向けた学習の枠組み（The Learning Framework 2030）」と題した報告書では、DeSeCo（「コンピテンシーの定義と選択」）プロジェクトにおいて定義した主要能力（キー・コンピテンシー）に立脚して、『変革を起こす力のあるコンピテンシー』として3つのコンピテンシーのカテゴリーを特定している。それが　**①新たな価値を創造する力、②対立やジレンマを克服する力、③責任ある行動をとる力**　である。これらの資質・能力（コンピテンシー）は、「革新的で、責任があり、自覚的であるべきという強まりつつあるニーズに対応するものである」としている。

　このような資質・能力を、学校や授業を通してどのように育成していくか、ということがプロジェクトの今後の課題である。アンドレアス・シュライヒャー経済協力開発機構（OECD）教育スキル局長は、報告書序文の中で「2019年には、ギアを入れ直して、この枠組みを教育方法や評価、学校や授業の仕組みのデザインなどに変換していくという新たな作業に取り組む予定である」

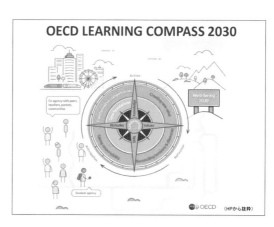

と述べている。

　そして、ギアを入れ直した結果（?!）「Education 2030プロジェクト」は2019年に「OECD 学 び の 羅 針 盤 2030（OECD LEARNING COMPASS 2030）」*5を公表した（前頁図表紙）。

　ここでは、

　　「Q1：何のために学ぶのか？」
　　「Q2：どのようにして学ぶのか？」
　　「Q3：どんな力が必要なのか？」

　という3つの問いを立て、それぞれに回答を示している（右図参照）。

　Q1については、「Well-being（ウェルビーイング）」を掲げている。つまり、（個人として）自分がより良い生き方をするために学ぶ、そして更に、（社会や共同体、地球に対して）より良く問題を解決するために学ぶとしている。

学びの羅針盤(OECD)
Q1:何のために学ぶのか？
A1:Well-beingのため。
（個人として）自分がより良い生き方をするために学ぶ、（社会や共同体、地球に対して）より良く問題を解決するために学ぶ

Q2:どのようにして学ぶのか？
A2:AARサイクル(Anticipation-Action-Reflection cycle）
仮説を立て、見通しをもって行動し、その結果を振り返り、その振り返りを次の仮説と行動に活かすという方法を繰り返す

Q3:どんな力が必要なのか？
A3:Student Agency
自らきちんとした目的をもち振り返りながら責任をもって行動する力

（「OECD学びの羅針盤2030(Learning Compass 2030)」をもとに作成）

　Q2については、「AAR サイクル（Anticipation-Action-Reflection cycle：見通し－行動－振り返りサイクル）」を提唱している。AAR サイクルとは、仮説を立て、見通しをもって行動し、その結果を振り返り、その振り返りを次の仮説と行動に活かす、という繰り返しをいう。AAR サイクルは、学習者が継続的に自らの思考や行動を改善し、理解を深め、視野を広げる学びの方法である。この AAR サイクルは、「Well-being」に向かって意図的に、また責任をもって行動するための学習プロセスであり、未来の創造に向けた変革を起こすコンピテンシー（資質・能力）を育成する触媒であるとしている。AAR サイクルと前述した PDCA サイクル等（「第3章　学び続ける教師　1.『確かな学力』

を育てる教師の力」参照）との違いの一つは、AAR サイクルが一人ひ
とりの人間が成長していく上での発達・改善サイクルに焦点を当てた
ものであるのに対して、PDCA サイクルが対象とするのは、組織や集団
（学校や学級等）、あるいは一定のプロセス（授業過程や学校行事の方法
等）であることである。VUCA（ヴーカ）の時代（将来予測が困難な時
代「第5章　コロナ禍の中での学びの保障とコロナ後の教育」参照）を
生きる子どもたちには、全く予期せぬ新しい状況に適応するとともに、
より良く問題を解決する力、新たな価値を創造する力を身に付けること
が必要であり、そうした力は「AAR サイクル」を通して育成されてい
くと「学びの羅針盤（OECD）」は示している。

　Q3 については、様々なコンピテンシーが羅針盤の中に示されている
が、一番重要な概念として「**Student Agency**」が掲げられている。
Agency（エージェンシー）とは、主体性を意味する言葉であるが、そ
の意味するところは、「働きかけられるというよりは自らが働きかける
こと、型にはめ込まれるというよりは自ら型を作ること、そして、他人
の判断や選択に左右されるということではなく、責任をもって自分自身
が判断し選択していくこと」である。すなわち、**変化を起こすために
自ら明確な目的をもち、振り返りながら責任をもって行動する力**（the
capacity to set a goal, reflect and act responsibly to effect change）が、より良
い社会を創る主体として求められるということである。

　責任をもって主体的に行動することができれば、たとえ成功しなくて
も、リフレクションを通して失敗経験から多くのことを学ぶことができ
る。仮説を立て、見通しをもって主体的に行動したならば、何を振り返
るのかが明確になる。仮説が正しかったか、見通しはどうだったか、そ
れらが異なっていたならばその理由はなぜか、失敗の原因は何か、そう
したことを考えることで経験から多くのことが学べる。しかし、他人の
判断や選択に無分別に従ったり、誰かにいわれたからやったというの
では、何を振り返るかもわからないだろう。つまり、「AAR サイクル」
は、「Student Agency」を前提としているのである。

*1) 二十一世紀教育国際委員会の報告書「学習：秘められた宝（Learning: The Treasure within）」は、委員会委員であった天城勲元日本ユネスコ国内委員会会長により1997年に日本語訳されている。

表題の「学習：秘められた宝」の由来について、委員会のドロール委員長は序文で、ラ・フォンテーヌ（『北風と太陽』の作者として知られている）の寓話「農夫とその子どもたち」をもじったものだと述べている。寓話の概要は次のようなものである。

「ある富裕な農夫が死の直前に子どもたちを呼んで、ご先祖様が残してくれた土地を売るようなことはしない方が良い。宝が隠してあるのだ。場所がどこかは知らぬが、秋の収穫が済んだら農地を深く、根気よく掘り起こしてみよと言い残して死んだ。子どもたちは言われたとおり農地を丁寧に隅々まで丹念に掘り起こしたが宝物は見つからなかった。しかし、一年後、畑は例年より豊かな収入をもたらした。隠し金はなかったが、父親は死に先立って『労働は宝である』と息子たちに教えたのである」

ドロール委員長（二十一世紀教育国際委員会）は、「労働」を「学習」に置き換えて、学習によって自己の中に秘められている多くの宝（資質・能力）を掘り起こすことができるとして表題にしたのである。

*2) 「リテラシー（literacy）」とは、読み書きができる能力や、その分野の応用、活用力、理解力を意味している。PISA調査におけるそれぞれのリテラシーの定義は以下の通りである。

「読解力」とは、「自らの目標を達成し、自らの知識と可能性を発達させ、効果的に社会に参加するために、書かれたテキストを理解し、利用し、熟考する能力」である。

「数学的リテラシー」とは、「数学が世界で果たす役割を見つけ、理解し、現在及び将来の個人の生活、職業生活、友人や家族や親族との社会生活、建設的で関心を持った思慮深い市民としての生活において確実な数学的根拠に基づき判断を行い、数学に携わる能力」で

114

ある。

「科学的リテラシー」とは、「自然界及び人間の活動によって起こる自然界の変化について理解し、意思決定するために、科学的知識を使用し、課題を明確にし、証拠に基づく結論を導き出す能力」である。

*3)「コンピテンシー（competency）」とは、単に知識だけではなく、スキルや態度を含んだ人間の全体的な資質・能力をいい、「主要能力（キー・コンピテンシー）」は、「知識基盤社会」の時代を担う子どもたちに必要な能力である。
「資質・能力」がコンピテンシー（competency）の訳語として用いられている。

*4) OECD は2011年３月11日の東日本大震災を受けて、被災地の中高生が東北の魅力を世界に発信する「OECD 東北スクール」を開始した（2014年８月30・31日にパリから世界にアピール）。「Education 2030プロジェクト」は、そこで得られた知見を生かしながら開始された。2015〜2018年までを「E2030フェーズ１」として、子どもたちに求められるコンピテンシーについて検討し、2019年に「学びの羅針盤」として公表。2019〜2022年までを「E2030フェーズ２」として、子どもたちに必要なコンピテンシーを育む教師に必要とされるコンピテンシーを導出することや、カリキュラムや学習評価、教員養成、教員研修等の共通原理を分析することを目的としている。

*5)「OECD 学びの羅針盤2030（Learning Compass 2030）」は、「Education 2030プロジェクト」の成果であり、教育の未来像を描いた、進化し続ける学習の枠組みである。ラーニング・コンパス（LEARNING COMPASS：学びの羅針盤）という比喩は、生徒が教師の決まり切った指導や指示をそのまま受け入れるのではなく、未知なる環境の中を自力で歩みを進め、意味のある、また責任を伴う

方法で、進むべき方向を見いだす必要性を強調する目的で採用されている。

[参考・引用文献]

- OECD『THE DEFINITION AND SELECTION OF KEY COMPETENCIES』2005
- 国立教育政策研究所『社会の変化に対応する資質や能力を育成する教育課程編成の基本原理』（教育課程の編成に関する基礎的研究報告書5）平成25（2013）年3月
- 天城勲監訳『学習：秘められた宝』ユネスコ「21世紀教育国際委員会」報告書、ぎょうせい、1997
- 熊平美香『教育改革のゴール』「教育と学習のイノベーションを探る」文部科学教育通信 NO. 488、2020
- 文部科学省教育課程課『中等教育資料　NO. 984』平成30年5月号
- OECD Future of Education and Skills 2030 Conceptual learning framework—OECD LEARNING COMPASS 2030
- OECD ラーニング・コンパス（学びの羅針盤）2030　日本語仮訳、文部科学省、2019
- 白井俊『OECD Education 2030 プロジェクトが描く教育の未来　エージェンシー、資質・能力とカリキュラム』ミネルヴァ書房、2020

4．世界の教育のめざす方向と日本の教育改革

　国立教育政策研究所は、教育課程の編成に関する基礎的研究の報告書として、『社会の変化に対応する資質や能力を育成する教育課程編成の基本原理』（2013〈平成25〉年）を著し、コンピテンシーに基づく教育改革の世界的潮流について次のように述べている。

「世界においても、今日的に育成すべき人間像をめぐって、断片化された知識や技能ではなく、人間の全体的な能力をコンピテンシー（competency）として定義し、それをもとに目標を設定し、政策をデザ

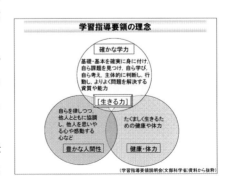

インする動きが広がっている」「具体的には、OECD の DeSeCo プロジェクト（1997〜2003）による『キー・コンピテンシー』の概念が PISA や PIAAC ＊1 などの国際調査にも取り入れられ、世界に大きな影響を与えている」

諸外国やプロジェクトの資質・能力に関わる教育目標						
OECD(DeSeCo)		EU	イギリス	オーストラリア	ニュージーランド	米国 他
キーコンピテンシー		キーコンピテンシー	キースキルと思考スキル	汎用的能力	キーコンピテンシー	21世紀スキル
相互作用的道具活用力	言語、記号の活用	第1言語 外国語	コミュニケーション	リテラシー	言語・記号・テキストを使用する能力	
	知識や情報の活用	数学と科学技術のコンピテンス	数学の応用	ニューメラシー		
	技術の活用	デジタル・コンピテンス	情報・テクノロジー	ICT技術		情報・ICTリテラシー
反省性（考える力）（協働する力）（問題解決力）		学び方の学習	思考スキル（問題解決）（協働する）	批判的・創造的思考力	思考力	批判的思考問題解決力やコミュニケーション協働
自律的活動力	展望・人生設計・個人的プロジェクト・権利・利害・要求の表現	進取の精神と起業精神		倫理的理解	自己管理力	キャリアと生活
		社会的・市民的コンピテンシー	問題解決	個人的・社会的能力	他者との関わり参加と貢献	個人的・社会的責任
		文化的気づきと表現	協働する	異文化理解		シティズンシップ
異質な集団での交流力	人間関係力・協働力・問題解決力					

（「資質・能力（理論編）」国立教育政策研究所 編 をもとに作成）

　右図は国立教育政策研究所が示した「諸外国やプロジェクトの資質・能力に関わる教育目標」をもとに作成したものである。現在、世界の多くの国々が、国によって用語の選択や定義は異なるが、概ね、DeSeCo が「主要能力（キー・コンピテンシー）」として示した資質・能力の育成を目的として教育活動を展開している。

　DeSeCo の主要能力（キー・コンピテンシー）が日本に本格的に紹介されたのは2006年頃のこととされているが、日本では、すでに、1996（平成8）年、文部省（現在の文部科学省）の中央教育審議会＊2が「21世紀を展望した我が国の教育の在り方について」（第一次答申）の中で、［生きる力］＊3という理念を打ち出し、1998（平成10）年の学習指導要領の改訂を通して、「生きる力」の育成をめざした教育活動が全国的に行われ、現行学習指導要領にも受け継がれている（右図：再掲「第3章　学び続ける教師」参照）。

　この日本における教育理念である「生きる力」は、DeSeCo のキー・コンピテンシーを先取りしているといわれている＊4。

　1996（平成8）年の文部省中央教育審議会「21世紀を展望した

学習指導要領の理念

確かな学力
基礎・基本を確実に身に付け、自ら課題を見つけ、自ら学び、自ら考え、主体的に判断し、行動し、よりよく問題を解決する資質や能力
［生きる力］
自らを律しつつ、他人とともに協調し、他人を思いやる心や感動する心など
たくましく生きるための健康や体力
豊かな人間性
健康・体力

（学習指導要領説明会（文部科学省）資料から抜粋）

我が国の教育の在り方について」（第一次答申）においては、特に次の２点を強調している。

- (a) ［生きる力］の育成を基本とし、知識を一方的に教え込むことになりがちであった教育から、子供たちが、自ら学び、自ら考える教育への転換を目指す。そして、知・徳・体のバランスのとれた教育を展開し、豊かな人間性とたくましい体をはぐくんでいくこと。
- (b) 生涯学習社会を見据えつつ、学校ですべての教育を完結するという考え方を採らずに、自ら学び、自ら考える力などの［生きる力］という生涯学習の基礎的な資質の育成を重視すること。

　情報化社会・知識基盤社会においては、「生きる力」を育むという理念はますます重要であるという認識から、2008（平成20）年及び2017（平成29）年の学習指導要領の改訂においても、これまでの理念を継承し「生きる力」を育成することとしている。

　日本は、近代学校教育の始まりとともに「知・徳・体」の育成を通じた全人教育を計画的に行ってきている。この長い歴史を持つ「知・徳・体」を育むという教育理念が「生きる力」として、Society 5.0（「超スマート社会」）といわれるこれからの社会の中でも必要な資質・能力として教育目標となっているのである。それは、日本だけではなく、これからの教育のめざす方向として、DeSeCo によるキー・コンピテンシーにみるように、用語や定義は多少異なるが、世界各国において共通の教育目標となっているのである。

　日本は、文部科学省と OECD との政策対話や「OECD 東北スクール」（東日本大震災を契機に開催され、現在は「地方創生イノベーションスクール 2030」に継承）などの取り組みを通して、「Education 2030 プロジェクト」に貢献してきているが、経済協力開発機構（OECD）は、2018年に日本の教育政策についての報告書をまとめている（次頁図）。

経済協力開発機構(OECD)報告書(2018)①
「日本の教育政策:2030年に向けた架橋」
Education Policy in Japan : Building Bridges Toward 2030
＜日本の教育の「強み」と「課題」＞
(1) 国際比較すると、日本の生徒はOECD各国のトップクラスに位置し、国際成人力調査でも日本の成人は参加国中でトップになるなど、日本の教育制度は高い成果を出している。しかし、現在の子どもが成人になる2030年に適応するための改革が必要である。日本は「学習指導要領」を改訂して21世紀にふさわしい資質・能力を目指しているが、実施するためには指導方法や教育学上の転換が求められる。教員は最新の指導方法を用いて適切な評価ができるよう研修が必要である。
(2) 包括的(全人)的な教育を効果的に行って成功している。しかし、教員はその代償として長時間労働と高度な責任を負わされている。「チーム学校」で負担軽減を目指しているが、学校の運営体制を生産性と効率を追求する労働管理に傾けないことが重要である。
(3) 義務教育に比べて乳幼児期の保育・教育や高等教育への経済的支援は限られており、女性や学生の機会を制限している。人口減少傾向の中で、技能を有する人口を最大限に活かす余地がある。

経済協力開発機構(OECD)報告書(2018)　②
「日本の教育政策:2030年に向けた架橋」
Education Policy in Japan : Building Bridges Toward 2030
＜2030年に向けた教育政策への提言＞
(1) 新学習指導要領の実施の優先
・新学習指導要領の価値を保護者や地域社会に伝えて政策の確実な実施と支援を確保する。
・新学習指導要領を反映するように評価を改善する。
・教員研修に投資して、新学習指導要領に合わせた指導方法(アクティブ・ラーニング)に適応できる能力を強化する。
(2) 学校・地域社会の連携強化と全人的教育制度の維持
・運営上の慣行を変更し、教員の業務負担を緩和する。
・地域社会との連携協働関係は、新学習指導要領の実施を支援することに焦点を置く。
（①、②は「OECD報告書」をもとに作成）

報告書では、〈日本の教育の「強み」と「課題」〉、〈2030年に向けた教育政策への提言〉を行っている。その中では、特に全人的教育により各種国際調査でも高い成果を示している日本の教育や学習指導要領改訂の方向性を高く評価している。しかし、少子高齢化や格差拡大でその持続可能性に懸念を表明し、指導要領の実現のために、教師の研修や地域社会との連携協働体制を推進するよう提言している。

＊1) 国際成人力調査（PIAAC〈ピアック〉：Programme for the International Assessment of Adult Competencies）は、OECDが経済のグローバル化や知識基盤社会への移行に伴い、各国の成人のスキルの状況を把握し各国の政策に資する知見を得ることを目的として、2011（平成23）年8月から2012（平成24）年2月にかけて実施した調査である。OECD加盟国等24の国・地域（日、米、英、仏、独、韓、豪、加、フィンランド等）が参加し、16〜65歳までの男女個人（日本は約11,000人）を対象として、「読解力」「数的思考力」「ITを活用した問題解決能力」の3分野のスキル及び調査対象者の背景（年齢、性別、学歴、職歴など）について調査した。日本の3分野の平均点は、参加国・地域中全て第1位であった。

＊2) 中央教育審議会（略称「中教審」）は、30人以内の委員（有識者、任期2年〈再任可〉）で構成され、文部科学大臣の諮問に応じて教育の振興及び生涯学習の推進を中核とした豊かな人間性を備えた創

造的な人材の育成に関する重要事項を調査審議し、文部科学大臣に意見を述べる（答申する）ことを目的とする。必要に応じて分科会や部会を設置している。教育制度分科会や初等中等教育分科会、大学分科会等がある（再掲）。

*3) 1996年、文部省（現在の文部科学省）の中央教育審議会（中教審）が「21世紀を展望した我が国の教育の在り方について」という諮問に対する第一次答申の中で次のように述べている。
「我々はこれからの子供たちに必要となるのは、いかに社会が変化しようと、自分で課題を見つけ、自ら学び、自ら考え、主体的に判断し、行動し、よりよく問題を解決する資質や能力などであり、また、自らを律しつつ、他人とともに協調し、他人を思いやる心や感動する心など、豊かな人間性であると考えた。たくましく生きるための健康や体力が不可欠であることは言うまでもない。我々は、こうした資質や能力を、変化の激しいこれからの社会を［**生きる力**］と称することとし、これらをバランスよくはぐくんでいくことが重要であると考えた。」
2008年、中央教育審議会答申「幼稚園、小学校、中学校、高等学校及び特別支援学校の学習指導要領等の改善について」の中に次のような記述がある。「次代を担う子どもたちに必要な力を一言で示すとすれば、まさに平成8年（1996年）の中央教育審議会答申で提唱された『生きる力』にほかならない。」

*4) 2008年の中央教育審議会答申「幼稚園、小学校、中学校、高等学校及び特別支援学校の学習指導要領等の改善について」の中に次のような記述がある。
「経済協力開発機構（OECD）は、1997年から2003年にかけて、多くの国々の認知科学や評価の専門家、教育関係者などの協力を得て、『知識基盤社会』の時代を担う子どもたちに必要な能力を、『**主要能力（キーコンピテンシー）**』として定義付け、国際的に比較す

る調査を開始している。このような動きを受け、各国においては、学校の教育課程の国際的な通用性がこれまで以上に強く意識されるようになっているが、『生きる力』は、その内容のみならず、社会において子どもたちに必要となる力をまず明確にし、そこから教育の在り方を改善するという考え方において、この主要能力（キーコンピテンシー）という考え方を先取りしていたといってもよい」

[参考・引用文献]

- 松下佳代編著『〈新しい能力〉は教育を変えるか ― 学力・リテラシー・コンピテンシー ―』ミネルヴァ書房、2010
- 国立教育政策研究所『社会の変化に対応する資質や能力を育成する教育課程編成の基本原理』(教育課程の編成に関する基礎的研究報告書5) 平成25 (2013) 年3月
- 国立教育政策研究所編『資質・能力（理論編)』東洋館出版、2016
- 木村元『学校の戦後史』岩波書店、2015
- OECD「Education Policy in Japan: Building Bridges Towards 2030」2018

第5章 コロナ禍の中での学びの保障とコロナ後の教育 ― 社会の変化に即応したよりよい学びの実現をめざして ―

　現代は、「VUCA（ヴーカ）の時代」であるといわれる。VUCA とは、Volatility（変動性）、Uncertainty（不確実性）、Complexity（複雑性）、Ambiguity（曖昧性）の4つの単語の頭文字をとった造語である（右図）。

　2016（平成28）年のダボス会議（世界経済フォーラム）で、将来予測が困難な状況を意味する言葉として「VUCA（ヴーカ）」という言葉が使われ注目されるようになった。

　今、世界では、政治や経済、社会を取り巻く環境の複雑性が増大し、次々と想定外の出来事が起きている。自然環境をみても、地球温暖化による干ばつやサイクロン、甚大な被害をもたらす台風や豪雨、大規模な山火事といった気候変動等が世界規模で起きている。日本も例外ではない。現代社会では、自然環境以外でもこれまで以上に予測不能なリスクに見舞われる可能性が現実のものとなっている。

　2020（令和2）年、世界を襲った未曾有の災害である新型コロナウイルス感染症の拡大は、まさに「VUCA の時代」を象徴するものである。2020年は歴史に刻まれる年になるであろう。この全く予期せぬ災禍を世界はどのように受け止め、特に教育現場はどのように立ち向かったのか、また、新型コロナウイルス感染拡大収束後（以下「**コロナ後**」*1）の教育はどういう方向に進むのか、どういう方向に進むべきか。歴史的な分岐点に立って私たちが考えるべきことは、学校教育の本来あるべき姿とこれからの新しい教育の姿を見定め前に進むことである。

　本章では、新型コロナウイルス感染症が猛威を振るっている状況下（以下「**コロナ禍**」）での日本における学校現場の対応と、コロナ後の教育について考察する。

1．コロナ禍の中での学びの保障

⑴ 新型コロナウイルス感染拡大の状況と学校の一斉臨時休業によって生起した課題と対策

①新型コロナウイルス感染拡大の状況

　新型コロナウイルス感染症は、2019（令和元）年11月22日に中国湖北省武漢市で「原因不明のウイルス性肺炎」が発見され、その後急速に中国大陸や中国以外の国へと感染が拡がり世界的な流行となった（右図）。2020（令和2）年1月下旬には、世界保健機関（WHO）が「国際的に懸念される公衆衛生上の緊急事態」を宣言し、2月11日に、この新型ウイルスの名称を「重症急性呼吸器症候群コロナウイルス2（SARS-CoV-2）」、疾患名を「新型コロナウイルス感染症（COVID-19）」と公表した。そして、3月11日には感染症の世界的な拡大を受けて「パンデミック（世界的流行）」を表明した。世界各国では感染症の広がりを抑えるために、強制的な外出制限や移動制限等のロックダウン（都市封鎖）やテレワーク[*2]等が行われた。しかし、そうした対策も一時期は感染の拡大を抑えることに成功したものの、ウイルスが消滅したわけではなく、経済活動の再開で再度感染者が増加する状況となり、感染症の収束には至らなかった。

　日本では、2020（令和2）年1月16日、中国武漢市への渡航歴があ

新型コロナウイルス感染拡大状況
（青字は日本）

2019年11月22日	中国湖北省武漢市
	「原因不明のウイルス性肺炎」発見
2020年　1月下旬	世界保健機関（WHO）「緊急事態」発令
2020年　1月16日	日本で初めて感染者が報告
2020年　2月11日	世界保健機関（WHO）「新型コロナウイルス感染症」
	と公表（中国本土感染者数 4万2千人超、死者数 千人超）
2020年　2月27日	内閣総理大臣3月2日からの休校要請
2020年　3月11日	世界保健機関（WHO）「パンデミック（世界的流行）」
	と表明（感染確認数 100カ国以上、感染者数 10万人超）
2020年　4月　7日	「緊急事態宣言」が発令（国内累計感染者数3,000人超）
2020年　5月14日	「緊急事態宣言」が一部解除
2020年　9月23日	日本の累計感染者数8万人（死者数1,500人）超える
2020年　9月28日	世界全体の累計感染者数3200万人（死者数100万人）超える
2020年10月29日	日本の累計感染者数10万人（死者数1,761人）超える

る中国籍の男性が国内の感染者として初めて報告された。その後、日本各地で集団感染*3が報告されるなど、2月21日には国内累計感染者数が100人を超えるまでになった*4。

2月27日㈭、**内閣総理大臣**が「全国の小中学校や高校、特別支援学校において、3月2日㈪から春休みまで臨時休業を行うこと」を緊急のテレビ会見で要請した。子どもたちや教員の感染リスクに備えることが狙いであったが、突然の全国一律の休業要請によって、学校や家庭に困惑と混乱が広がった。

翌2月28日㈮には**文部科学事務次官**から「新型コロナウイルス感染症対策のための小学校、中学校、高等学校及び特別支援学校等における一斉臨時休業について」の通知が出された。

通知は、小中学校、高等学校及び特別支援学校の設置者に対して、令和2年3月2日㈪から春季休業の開始日までの間、学校保健安全法に基づく臨時休業を行うよう依頼するものであった。本来、学校の臨時休業は自治体や学校法人などの設置者が決めることであり、出席停止は校長が判断することになっているため、依頼通知となったのである。

臨時休業の要請があった翌日2月28日㈮は、全国の多くの学校にとって、実質翌日29日㈯から始まる休業の直前の一日ということで、休業期間中の学習課題の準備や配布、休業中の過ごし方等についての児童生徒への説明など、実に慌ただしい一日となった。要請に従い殆どの学校が臨時休業することになったのである。

学校の再開は各教育委員会の判断で3月中に行ったり、4月からの新年度を迎えて再開したり、あるいは5月の連休まで再開の判断を先延ばししたりするなど、各都道府県の感染状況によって異なる対応となった。多くの学校は、緊急事態宣言が解除された5月中旬から再開したものの、緊急事態が解除されない都道府県では特定警戒都道府県となり、再開が6月になった学校もあった。

学校が再開されても、登校する子どもと登校しない子どもを日によって分けて登校させる「分散登校」や、午前と午後に分けて登校させる「時差登校」、また、クラスを半分に分けて授業を行う「分割授業」な

ど、感染を防ぐ対策として校内での密閉や密集、密接 *5 を防ぐ対応をした学校も多くみられた *6。

②学校休業による課題と対策

　各学校では、年度末（2019〈令和元〉年度末）に長期間の臨時休業を余儀なくされることによって、多くの解決すべき課題が噴出し、学校運営に大きな影響が出ることになった。

○学校休業によって学校が抱えた課題にはどのようなことがあったか

　学校が抱えた特に大きな課題としては、次のようなことがある（右図）。

　1つ目は、「子どもの学びの保障」である。学校が休業となれば、授業実施時数が足りなくなり、計画通りに教科の内容を教えきれなくなるのではないかという懸念がある。また、休業中に家庭

```
学校の休業による主な課題
1. 子どもの学びの保障
  （授業時間の確保）
2. 子どもの学習評価
  （テスト・定期考査等の実施）
3. 子どもの進路指導
  （特に高校受験や大学受験に向けた指導）
4. 特別活動（学校行事等）の開催
  （卒業式や修了式、始業式、入学式、修学旅行、学校祭等）
5. 生活スタイルの急変による子どもの心身の健康
  （生活指導やメンタルヘルスケア）
```

学習を課すことになれば、自学力（自分から進んで計画的に学習する力）によって児童生徒の学力差が大きくなるのではないかという恐れもある。

　2つ目は、「子どもの学習評価」である。日頃から子どもの学習状況を把握しているとはいえ、年度末には1年間を通した評価を行い、評定を付ける必要がある。年度末に「確認テスト」や「学年末考査」等が実施できなくなったとき、児童生徒の学習評価及び評定をどのように行ったらよいかということが課題となった。

　3つ目は、「子どもの進路指導」、特に高校受験や大学受験に向けた指導である。学年末は、就職を希望している中学3年生や高校3年生に

とっては既に就職先が決定（内定）している時期ではあるが、高等学校や大学等の上級学校への進学を希望している生徒にとっては受験を控えている大切な時期である。最終学年における進路決定は、子どもにとっては人生の一大事であり、学校には一人ひとりの生徒に寄り添った丁寧な指導が求められる。そのような一人ひとりの生徒に応じた細やかな指導を学校休業中にどのように行ったらよいかということである。

　４つ目は、「特別活動（学校行事等）の開催」（右図）に関することである。学年末（３月）には卒業式や修了式等の学校行事（儀式的行事）がある。新年度が始まると、４月には始業式や入学式等もある。いずれも、学校にとっては大切な行事であり、児童生徒にとってもかけがえのない記憶とし

学校における特別活動の領域・分類
（　）内は中等教育(高等学校)

1. 学級（ホームルーム）活動
2. 児童会（生徒会）活動
3. 学校行事
　(1)儀式的行事
　　[入学式、卒業式、始業式、終業式、修了式他]
　(2)文化的行事
　　[文化祭(学校祭、学芸会、学習発表会)、合唱コンクール他]
　(3)健康安全・体育的行事
　　[運動会(体育祭)、球技大会、水泳大会他]

て残る人生の晴れ舞台である。儀式的行事だけでなく、学校祭等の文化的行事や運動会等の健康安全・体育的行事もまた、集団活動を通して児童生徒の心身の調和のとれた発達を促す大切な学校行事であり、仲間意識や学校への所属意識を高める大切な教育活動である。

　児童会（生徒会）活動や学級（ホームルーム）活動、更には課外活動としての部活動も子どもたちにとっては欠かすことのできない活動である。そうした活動がコロナ禍の中で実施できるのか、実施するとすればどのような配慮のもとで実施したらよいのかということも大きな課題となった。

　５つ目は、「生活スタイルの急変による子どもの心身の健康」に関することである。学校休業中の児童生徒にとっては、学校に登校できなくなったことで親しい友人との交わりや教師との関わりが無くなる。子どもの生活リズムや生活スタイルが変わることで、家庭生活にも変化を来

すことにもなる。児童生徒だけではなく保護者のストレスも増えるに違いない。そうした環境の大きな変化による児童生徒の心身の健康も配慮すべき重要な課題である。

○学校の対策

　学校が具体的な対策をとる際は、基本的に文部科学省や教育委員会からの「指針」や「通知」に従って行うことになる。しかし、とるべき対策の中には学校の裁量で判断すべきことも多く、それらに関しては学校が児童生徒の安全安心を第一に考え、保護者の心情等を勘案しながら自主的・主体的に判断し、責任をもって教育活動を展開していくことになる。

　そうした判断・決定を下す際に最も大切なことは、「学校の主人公は子どもたちであり、学校は子どもたちのためにある」という根本に立ち返ることである。そのうえで、児童生徒の主体性や自主性、判断力や協働性を育てるために、これまでに経験のない新たな事態の中でとるべき対策や留意すべきことなどについて児童生徒にも考えさせ、可能な範囲で子どもたちの意見を学校の判断・決定に反映させることも大事なことである。実際に、子どもたちの意見を聞いてその意見を踏まえて判断した学校もある。

　さて、学校は上記５つの課題解決に具体的にどのように取り組んだのだろうか。以下に記載した学校の対策は、秋田県内の学校からのヒアリングや文部科学省が公表した「令和２年度　教育委員会における学校の働き方改革のための取組状況調査」（令和２年12月）等をもとにしたものである。

　１つ目は、児童生徒の学びの保障である。多くの学校が休業期間中の家庭学習課題プリントを作成し、臨時登校日を設けて分散登校や時差登校をさせるなどして、直接、課題の配布や回収を行ったり、あるいは郵送したり、オンライン上で提示したりしている。また、一部の学校では

インターネットの双方向型システムを活用して遠隔授業 *7 を実施したりするなど、児童生徒の学びを止めないための様々な工夫をしている（右図）。

コロナ禍(臨時休業)の中での学びの支援

○ 学習課題の配布・回収（郵送、臨時登校他）
○ 学習動画の配信（学校HP・Webサイト、YouTube他）
○ Zoom等の双方向型オンライン会議システム利用授業
○ Google Classroom利用の双方向型学習
○ 教育テレビによる学習
○「子供の学び応援サイト」(文部科学省)の活用
○ 市販のデジタルドリル等の活用

　しかし、このような対策を講じてもなお学校によっては、休業期間が長引くに至って授業時数が足りなくなり、定められた教科の内容を教えきれなくなるという恐れが出てきた。

　授業時数の不足が新型コロナウイルス感染拡大のような不測の事態による場合などは、進級などには影響しないことになっている *8。しかし、万一、計画通りに定められた教科の指導が終わらなければ、未指導ということになり問題が残る。このことについて文部科学省は、休業要請の時点で通知を出し、令和元年度に指導を予定していたが臨時休業により未指導となった事項については、限られた時間を効果的に使って必要な措置（補習や家庭学習等）を工夫するよう求めている。そして、家庭学習の支援方策の一つとして文部科学省が作成した『**子供の学び応援サイト**』（右図）の活用を呼びかけている。更に、休業によって生じる可能性のある様々な課題に対処するための通知 *9 を出し、その中で「令和２年３月の一斉臨時休業に伴い、進級した児童生徒が授業を十分受けることができなかった場合には、必要に応じて、令和２年度に教育課程内で補充のための授業として前学年の未指導分の授業を行うことも考えられる」としている。

　また、新年度（令和２年度）が始まってから臨時休業したことによる

学習の遅れに対しては、多くの学校が、子どもの負担が大きくならないように配慮しながら、土曜授業の実施や夏季休業日の期間を短縮して授業を行い対応した。ただし、特に夏季休業中の児童生徒の登校に際しては、熱中症にならないように健康管理に特段の配慮が必要であった。

　子どもの家庭学習に取り組む力（「自学力」）による学力差の拡大の懸念に関しては、結果として有効な手立てを講じた学校は多くないだろうと推測する。学校の臨時休業が長期化すれば、「学びに向かう力」（「第３章　学び続ける教師　１.『確かな学力』を育てる教師の力」及び「第４章　未来を生きる子どもたちのために　２.学習指導要領の改訂と学力観の転換」参照）の差が学力差の拡大に繋がることは自明である。如何にして「学びに向かう力」、学習意欲を育てるかということは、コロナ禍の中で新たに生まれた課題ではなく、コロナ禍の中で顕在化して突きつけられた大きな課題の一つといえる（「２.コロナ後の教育の在り方」参照）。「学びに向かう力」を育てるという課題解決に向けた手立ての一つは、日々の学習における個別指導を一層充実するとともに、後述するように、ICT（情報通信技術）等の活用を通じて「個別最適な学び」や「協働的な学び」の実現を図ることで、子どもの可能性を引き出す取り組みの質を高めることである。

　２つ目は、子どもの学習評価、学年末の成績をどう付けるかという問題である。学校休業中に、子どもの学びを止めない上記のような手立てを講じたものの、臨時休業の長期化により学年末考査を実施できなかった学校がある。

　児童生徒の学習評価については、多くの学校が家庭学習（ノートやワークブック、レポート作成等）の状況や、学校再開後の対面授業で学習状況の成果等を確認して評価を行っている。特に学年末考査を実施できなかった場合の対応については、文部科学省がその指針を示している。文部科学省の指針では、「学年末考査などの定期考査の実施について法的な規定はなく、令和元年度に実施する予定だった学年末考査を令和２年度に実施しても差し支えありません」[*10]としている。ただし、

学年は４月１日に始まり、翌年３月31日に終わる、とされていることから、令和２年度に行う考査結果は、令和２年度の評価や評定に反映されることになる。

　３つ目は、子どもの進路指導である。多くの地域の中学３年生は高校受験を、高校３年生は大学等の受験（国立大学等の志願者は前期試験が終わり後期試験）を控えていた。休業が長期化すると、休業期間を縫っての高校受験（あるいは大学等受験）という異例の事態となる。何より受験生が動揺することなく試験に臨めるようなケアが必要である。また仮に、受験生が新型コロナウイルスに感染した場合の救済措置はどうするのか等、万が一の状況を想定した対応も必要になった。各学校では、受験を控えている生徒に臨時登校を指示し個別指導を行うなどして、精神的なケアも含めて対応に当たっている。

　また、新型コロナウイルス感染症による長期休業で学習の遅れが懸念される中、公立高校入試においては出題範囲を変更したり、生徒が解答する問題を選択できるようにしたりという配慮をする都道府県教育委員会もあった。中には、中学３年生の終盤で学ぶ分野を出題範囲から除外する対応もみられたが、出題範囲を変更する都道府県は、感染者数が多い関東や関西、九州地区が多かった。

　大学入試においては、2019年度までの「大学入試センター試験」に代わって、2020年度は「大学入学共通テスト（以下『共通テスト』）」に変わる節目の年になっていた。文部科学省は、コロナ禍に対応するために、特例として、2020年度に初めて行われる「共通テスト」の実施日程を第１日程と第２日程の２回設けることにした。また、各大学に対し、高校３年生で学ぶことが多い理科の科目等について、「共通テスト」の成績の活用は２科目にせず１科目にすることや、個別試験を課す科目には「発展的な学習内容」を出題しないことなどを求め、概ね各大学もその求めに応じている。

　４つ目は、特別活動（学校行事等）の実施の可否である。学校行事だ

けでなく、部活動や児童会（生徒会）活動についても、多くの学校がその実施に頭を悩ませた。儀式的行事として年度末（3月）に行う「卒業式（卒業証書授与式）」では、多くの学校が来賓を招待せず卒業生と学校教職員のみで実施したり、保護者を招待する場合でも人数制限をするなどの対策を講じている。卒業式の様子（動画）を学校ホームページに掲載するなどの工夫をした学校も多い。4月に行う「入学式」においても、同様な対策を講じて実施した学校が多い。3月の学年の「修了式」や教職員の「離任式」、4月の「着任式（新任式）」や「始業式」は、在校生と教職員が座席を離して（ソーシャルディスタンス*11）開催している。児童会（生徒会）総会や避難訓練等では、児童生徒全員が一堂に集うことのないように校内放送を通して行ったり、簡素化したりするなどの工夫をして実施している学校もある。修学旅行や合唱コンクール等は中止した学校も少なくないが、規模を縮小（修学旅行では日数を減らしたり旅行先を近場にしたり、合唱コンクールでは全校単位の実施から学年単位の実施にしたりする等）して、感染対策に細心の注意を払いながら実施している学校もある。

　中には、「学校祭」や「運動会」は開催しないが、感染対策を十分に行ったうえで生徒の意見をもとに「球技大会（学級対抗）」を生徒会主催で期間を延長して実施し、生徒職員ともに非常に満足度の高いものになったという高等学校もある。

　部活動に関しては、全国大会や全県大会等の上位大会の多くが中止*12や延期、規模縮小を余儀なくされることになった。都道府県によっては一部代替となる大会を期日をずらして実施している。各学校では部活動の意義や目的を十分に踏まえて部単位で感染拡大に細心の注意を払い練習を再開し、開催可能となった地方大会等に出場している。ただし、生徒同士の接触が制限される中で、上級生による新入生等下級生に対する部活動の勧誘が年度当初に十分行うことができなかったため、部活動加入者が例年より極端に少なくなり、学校の伝統である「文武両道」が保たれるかと危惧している学校もある。

5つ目は、子どもの心身の健康である。

　コロナ禍の中での子どもたちの心身の実態はどうであったのか。

　国立研究開発法人「国立成育医療研究センター（以下センター）」は、2020年4月30日から5月31日にかけて、緊急事態宣言下での子どもたちと保護者の「生活の様子や心の状態、困りごと」について「第1回インターネット調査」を実施している。また、「第2回インターネット調査」を、多くの学校が再開し感染防止のための新しい生活様式が導入されている6月15日から7月28日にかけて、「子どもたちがどのような心の状態で過ごしたか」について実施した。更に「第3回インターネット調査」を感染者数が比較的少なくなった9月から10月にかけて実施している。

　対象者は、小学1年生から高校3年生の子どもと0歳から高校3年生の子どものいる保護者である。

　回答者数は、第1回が子ども2,591人、保護者6,116人、第2回が子ども981人、保護者5,791人、第3回が子ども2,111人、保護者8,565人であった。

　センターでは、これまでの3回の調査を通して、ストレス反応を呈している子どもたちが少なくないこと、時間が経過しても明らかな改善は見られないこと、ストレスの要因として、コロナ禍が収束しないことへの不安、新しい生活様式（後述）や休校期間の遅れを取り戻そうとするカリキュラムへの不適応の可能性等を挙げている。

　右図は第1回調査報告書のデータをもとに作成したグラフである。小学1〜3年生、小学4〜6年生とも相談したいことの最多は「コロナにかからない方法」で、それぞれ約60%と50%であった。また、中学生、高校生では、「学校や勉強のこと」がいずれも50%超で最多だった。

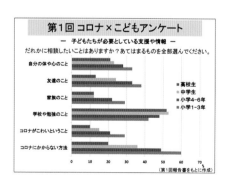

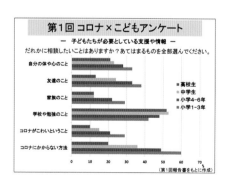

第1回 コロナ×こどもアンケート
－ 子どもたちが必要としている支援や情報 －
だれかに相談したいことはありますか？あてはまるものを全部選んでください。

自分の体や心のこと
友達のこと
家族のこと
学校や勉強のこと
コロナがこわいということ
コロナにかからない方法

高校生
中学生
小学4-6年
小学1-3年

（第1回報告書をもとに作成）

第2回調査では、ストレス反応の質問に小学1〜3年生は332人、小学4〜6年生369人、中学生は145人、高校生は66人が回答を寄せている。右図はその調査結果で、全体の72％に何らかのストレス反応・症状がみられたとしている。「あなたにあてはまり、今も困っていること」

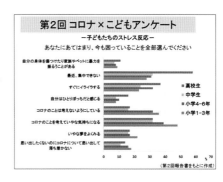

という質問に対して、「最近、集中できない」と回答した高校生は約60％、小学4〜6年生や中学生も30％を超えている。また、35％を超える高校生が「すぐにイライラする」と回答している。更に、小学生では1〜3年生、4〜6年生とも、「コロナのことを考えていやな気持ちになる」が最多で、1〜3年生は50％近く、4〜6年生でも40％近くである。「自分の身体を傷つけたり、家族やペットに暴力を振るうこと（たたく・けるなど）がある」と回答した児童生徒もそれぞれ10％近くとなっており、精神的なストレスが多いことがうかがえる。また、センターでは第2回調査の中で、コロナに関連した差別や偏見が、子どもたちの周りにも少なからず押し寄せていることが分かったとしている。教師（大人）は正しい知識を子どもに伝え、自分も含めた周りの人を大切にすることをきちんと教えることが必要である。

また、第3回調査（右図）によると、「さいきん1週間、学校に行きたくないことがありましたか？」の質問に対して、約3割の児童生徒（高校生は37％）が学校に行きたくないと感じたことがあると答えている。その理由を尋ねる質問はないが、センターでは、コロナ禍によって変化を余儀

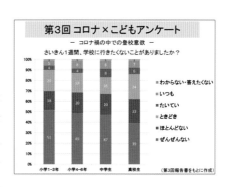

なくされた学校生活（マスクなどの感染対策や勉強の負荷の増大、行事の縮小など）への不満や失望、学校での集団生活による感染リスクの心配等が、自由記載などから垣間見ることができるとしている。

　コロナ禍の中で教師は、子どもたちの安全安心を第一に考え、心の負担を少しでも軽減して、安心して楽しく学校生活を送ることができるように知恵を絞りながら工夫をして教育活動を展開している。

　学校休業下では、多くの学校が多様な情報伝達手段を使って、児童生徒一人ひとりに「学校や担任とつながっている」ということを示し、「あなたは一人ではない」というメッセージを送っている。そして、安定した精神状態で安心して、コロナ禍というこれまでの日常とは異なる状況を乗り切ってもらいたい、という強い願いを込めて様々な取り組みを行っている。例えば、学校ホームページに新たなページを特設し、担任からのメッセージや学校からの情報等を掲載したり、一斉送信システムを使って課題を配信する際に学級担任や教科担任のコメントを配信したり、オンラインで双方向の交流をもったり、電話を通して保護者や児童生徒と直接連絡をとったり、即時性はないものの郵送で連絡を取り合うなどして「つながりを絶やさない」取り組みを行っている。

　学校再開後は、学級担任や養護教諭等を中心としたきめ細かな健康観察を通して児童生徒の健康状態を把握し、健康相談等の実施やスクールカウンセラー等による支援を行うなど、ストレスによる心の不安を含めた健康問題に適切に対応している。臨時休業を継続したり新たに休業となった学校においても、自宅で過ごす児童生徒及び保護者との連絡を密にして、児童生徒のストレス等の課題に関して必要に応じて支援を行っている。

　ある高等学校では、入学式直後に一斉休業となり1か月以上登校できずにいた新入生達が、学校再開後は殆ど欠席や遅刻をすることなく登校し、学校で怪我をして保健室に来ても治療が済むとすぐに教室に戻って授業を受けるなど、例年になく授業の欠課も少ないという。学校があり授業が行われることが当たり前ではないという状況下で、かけがえのない友人らとの交わりや学校での学びの大切さを深く実感し、高い登校意欲をもって日々過ごしていることがうかがえる。

　学校における新型コロナウイルス感染拡大防止の取り組みにおいては、学校が長年にわたって培ってきたこれまでの危機管理対応の取り組みや考え方では対処できないことが多く、学校は不安と葛藤、困惑の中で素早い決断と対応が求められた。

　結果として、コロナ禍の状況下でこれまでとは異なる様々な取り組みをする中で、学校や教職員は改めて学校や教育のあるべき姿を考える契機となった。そして、新たな考え方や価値観を獲得することも少なくなかった。特にコロナ禍の中では、児童生徒と繋がることの大切さを強く認識したり、学力の３要素の一つである「学びに向かう力、人間性等」の重要性が改めて問われることとなり、そのために奮闘した教員も少なくない。また、情報通信技術（ICT）の活用に関しては、緊急事態における情報通信手段としてだけではなく、日常的に生徒と繋がる手段として、また授業や進路指導、更には校務の効率化等にも効果的であるとの認識が広まりその活用が盛んに行われた。児童生徒の学びの保障や学力向上に向けた情報通信技術（ICT）の活用は、今後更に進むことがコロナ禍における教育活動を通して多くの教員が実感したことの一つでもある。

＊1) 本章では、「コロナ禍」や「コロナ後（アフターコロナ）」等を次のように定義する（右図）。

　「コロナ禍」とは、新型コロナウイルスの感染が人為的な理由で拡大されたことから用いられている。その期間は、新型コロナウイルスの感染拡

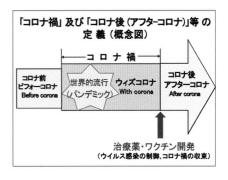

大が始まり、人類がウイルスの治療薬やワクチンなどを獲得し感染拡大が収束するまでとする。

　「ウィズコロナ」は、コロナ禍の始まりから、ウイルスの治療薬や

ワクチンなどを獲得し感染拡大が収束するまでの期間を示す。
「コロナ後（アフターコロナ）」は、コロナ禍前（ビフォーコロナ）
に対するコロナ禍後を示す。すなわち、治療薬やワクチンが開発さ
れて、新型コロナウイルスの感染状況をコントロールできる状態以
降を「コロナ後（アフターコロナ）」とする。

*2)「テレワーク」とは、「tele ＝離れた所」と「work ＝働く」を合わせ
た造語で、ICT を活用することによって時間や場所にとらわれない
柔軟な働き方をすることをいう。

*3) 2020 年 1 月末から 3 月にかけて、雪まつり会場（札幌市）や屋形
船、総合病院（東京都）等で集団感染（クラスター）が発生。その
後も病院や介護福祉施設、ライブハウス等で集団感染が報告されて
いる。

*4) 世界保健機関（WHO）によると、2021 年 1 月 28 日現在の世界の新
型コロナウイルス感染者数は 1 億人を超え、約 1 億 46 万人、死者の
数は約 216 万 6 千人となった（WHO HP）。日本の感染者数は 2021
年 1 月 31 日現在、約 38 万 7 千人、死者の数は約 5,700 人である（厚
生労働省 HP）。

*5) 新型コロナウイルス感染症対策専門家会議の「新型コロナウイルス
感染症対策の見解」によると、集団感染が確認された場所で共通す
るのは、(1)換気の悪い密閉空間、(2)多くの人が密集していた密集
場所、(3)近距離（互いに手を伸ばしたら届く距離）での会話や発声
が行われた密接場面という 3 つの条件（「3 密」という）が同時に
重なった場合であるとしている。そして、感染のリスクを低減する
ため学校でも「3 密」や「大声」に注意することが「学校の新しい
生活様式」（後述）として示された。

＊6）日本だけではなく、世界中の圧倒的多数の国々で学校への登校禁止の指示が政府より出されている。その期間は2週間から1カ月の範囲であり更新可能としている。ロシアやシンガポール等は2020年3月20日まで登校禁止の指示は出されていない。オーストラリア等は政府の指示はなかったが、学校独自の判断で学校活動を中断している。

＊7）文部科学省は、多様なメディアを高度に利用して教室以外の場所で履修させる授業を「遠隔授業」（「大学設置基準第25条第2項」の授業）、また、学生（児童生徒）が通学する形で行われる対面での授業を「面接授業」と定義している（「大学等における新型コロナウイルス感染症への対応ガイドラインについて〈周知〉」〈文部科学省〉令和2年6月5日）。ただし本書では、公的に（法令上）使われる「面接授業」ではなく、一般的に使われている「対面授業」を用いることとする。

＊8）学校が臨時休業となっている、又は児童生徒が出席停止となっている状態のときは、その間の日数や時数は授業日数や授業時数としてカウントされることはない（児童生徒の出席すべき日数や出席すべき時数とはならない）。従って、時数等の不足によって進級や卒業に影響を及ぼすということはない。

＊9）「新型コロナウイルス感染症対策のための小学校、中学校、高等学校及び特別支援学校等における一斉臨時休業に関するQ&Aの送付について（2020年2月28日時点）」文部科学省

＊10）「新型コロナウイルス感染症に対応した小学校、中学校、高等学校及び特別支援学校等における教育活動の再開等に関するQ&Aの送付について（2020年4月17日時点）」文部科学省

＊11)「ソーシャルディスタンス」とは、新型コロナウイルス感染のリスクを軽減することを目的として適切な距離（身体的距離）を保つことをいう。「学校の新しい生活様式」（後述）では、密集を避けるため人との間隔をできるだけ２メートル程度（最低１メートル）空けることを推奨している。

＊12)「第92回選抜高等学校野球大会」は2020年３月19日から、「第102回全国高等学校野球選手権大会」は８月10日から阪神甲子園球場（兵庫県西宮市）に於いて開催予定だったが共に中止となった。また、「令和２年度インターハイ」は８月10日から北関東で開催予定であったが、新型コロナウイルス感染拡大の影響で中止となった。「第28回全日本吹奏楽コンクール」や「2020第73回全日本合唱コンクール全国大会」等の全国大会も中止になっている。

［参考・引用文献］
▪ 文部科学省「新型コロナウイルス感染症対策のための小学校、中学校、高等学校及び特別支援学校等における一斉臨時休業に関するQ&Aの送付について（2020年２月28日時点）」
▪ 文部科学省「新型コロナウイルス感染症に対応した小学校、中学校、高等学校及び特別支援学校等における教育活動の再開等に関するQ&Aの送付について（2020年４月17日時点）」
▪ 文部科学省「令和２年度 教育委員会における学校の働き方改革のための取組状況調査」（令和２年12月）
▪ 国立研究開発法人「国立成育医療研究センター」「コロナ×こどもアンケート第１回調査報告書」2020
▪ 国立研究開発法人「国立成育医療研究センター」「コロナ×こどもアンケート第２回調査報告書」2020
▪ 国立研究開発法人「国立成育医療研究センター」「コロナ×こどもアンケート第３回調査報告書」2020
▪ 赤堀侃司著・監修『オンライン学習・授業のデザインと実践』Jam

House、2020

⑵　コロナ禍の中での新しい生活様式と学びの形態

①新しい生活様式

　政府は、2020（令和２）年２月14日、新型コロナウイルス感染症の対策について医学的な見地から助言等を行うための「新型コロナウイルス感染症対策専門家会議（以下専門家会議）」を開催した。この専門家会議では、感染拡大を防ぐために徹底した「行動変容」の重要性を訴え、手洗いや身体的距離の確保といった基本的な感染症対策を呼びかけた。厚生労働省は、専門家会議からの提言を踏まえ、新型コロナウイルスを想定した「**新しい生活様式**」を具体的に日常生活の中に取り入れるための実践例を国民に向け示した（右図）。

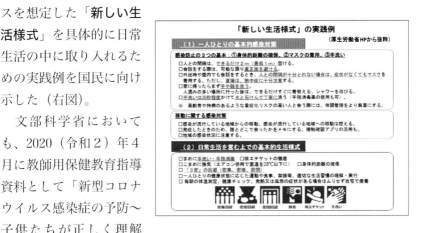

　文部科学省においても、2020（令和２）年４月に教師用保健教育指導資料として「新型コロナウイルス感染症の予防〜子供たちが正しく理解し、実践できることを目指して〜」を作成し各学校に配信している。５月には、厚生労働省の「新しい生活様式」実践例を踏まえ、「学校における新型コロナウイルス感染症に関する衛生管理マニュアル〜『学校の新しい生活様式』〜」を、９月には改訂版（Ver. 4）を、また12月には（Ver. 5）を配信している。「**学校の新しい生活様式**」では、児童生徒等への感染症対策の指導として以下のことを示している（次頁図上）。

　　感染経路を絶つための対策として、①手洗い　②咳エチケット
　　③清掃・消毒の徹底

厚生労働省ホームページから

「3つの咳エチケット」首相官邸・厚生労働省

「「密閉」「密集」「密接」しない！」

　集団感染のリスクを抑えるための対策として、①「密閉」の回避（換気の徹底）　②「密集」の回避（身体的距離の確保）　③「密接」の場面への対応（マスクの着用）

　以上の「３密」（「密閉」「密集」「密接」）と「大声」を避けることが感染防止に必要であるとしている。

　また、「学校の新しい生活様式」では、「学校においては、地域や生活圏ごとのまん延の状況を踏まえることが重要である」との専門家会議の提言（2020年４月１日）を受け、地域ごとにきめ細かに対応するために、地域の感染状況に応じた行動基準（右図）を作成している。そして、各感染レベルの地域において各教科等の指導や部活動、給食等の食事をとる場面や登下校時など、具体的にどのような教育活動をどのように進めるかについて詳述している。

「新しい生活様式」を踏まえた学校の行動基準

地域の感染レベル	身体的距離の確保	感染リスクの高い教科活動		部活動（自由意思の活動）
レベル3	できるだけ2m程度（最低1m）	行わない		個人や少人数での感染リスクの低い活動で短時間での活動に限定
レベル2	1mを目安に学級内で最大限の間隔を取ること	収束場面　感染リスクの低い活動から徐々に実施	拡大場面　感染リスクの高い活動を停止	感染リスクの低い活動から徐々に実施し、教師等が活動状況の確認を徹底
レベル1	1mを目安に学級内で最大限の間隔を取ること	適切な感染対策を行った上で実施		十分な感染対策を行った上で実施

（参考）

本マニュアル	新型コロナウイルス感染症分科会提言における分類	
レベル3	ステージⅣ	爆発的な感染拡大及び深刻な医療提供体制の機能不全を避けるための対応が必要な段階
レベル2	ステージⅢ	感染者の急増及び医療提供体制における大きな支障の発生を避けるための対応が必要な段階
レベル2	ステージⅡ	感染者の漸増及び医療提供体制への不可が蓄積する段階
レベル1	ステージⅠ	感染者の散発的発生及び医療提供体制に特段の支障がない段階

（「学校における新型コロナウイルス感染症に関する衛生管理マニュアル〜「学校の新しい生活様式」〜（2020.12.3）」（文部科学省）をもとに作成）

②コロナ禍の中での学びの形態

　学校の休業中は、児童生徒と教師との対面授業が不可能となり、児童生徒にとっては家庭学習が学びの中心となった。家庭学習は、学校の指導計画のもとで、教科書やプリント等の教材、オンライン教材や動画、双方向型のオンライン指導も組み合わせるなど多様な形態で行われた。前述したように、文部科学省が作成した『子供の学び応援サイト』の活用も行われている。休業期間ではあるが、感染防止に細心の注意を払ったうえで指定した出校日に分散登校させたり、教師による家庭訪問を実施したりするなどして学校の指導を充実させる多様な試みがみられたことも前述の通りである。「3密」を避ける配慮をした上で、学校休業日に学校図書館の図書の貸し出しを行う学校もみられた。

　学校の再開は、緊急事態宣言が解除された5月14日以降、徐々に行われている。しかし、学校が再開されても、新型コロナウイルス感染症が収束したわけではない。必要に応じて臨時休業等が行われる段階（以下「**ウィズコロナ〈With コロナ〉**」の段階）であり、児童生徒は「学校の新しい生活様式」の中での学びとなる。文部科学省は「ウィズコロナ」の段階における学びの保障として「ICTを活用しつつ、教師による対面指導と遠隔・オンライン教育との組み合わせによる新しい教育様式を実践する」ことを基本方針に掲げた。

　実際、学校休業中に児童生徒との遠隔・オンライン教育を実践していた学校の教員は、オンライン授業のもつ可能性を体感し、学校再開後にはオンラインと対面を組み合わせた、いわゆるハイブリッド型授業を展開するなど意欲的な授業を行っている。例えば、英語の授業において、自校の生徒と他校の生徒をオンラインで結び、英語によるディスカッションを行わせたり、これまでは大学教員が高等学校を直接訪問して対面で行われていた高校生対象「大学模擬授業」をオンライン上で行うなど、徐々に遠隔・オンライン教育が特別なことではなくなってきている。

　また、学校においては、1コマの時間50分を45分にして一日の授業のコマ数を6コマから7コマに増やしたうえで1コマの授業の質を上げ

たり、土曜日を活用したり、夏休みを短縮したり、学校行事を精選して授業に当てたりするなど多様な取り組みを通して授業時数を確保する試みも行われている。更に、ICT 環境が十分整わない学校では、生徒が所有するスマートフォンを学習支援機器として授業の中で活用したり、連絡網を築いたりするなど、身近な機器や環境を最大限活用する動きもみられた。

　文部科学省による 1 人 1 台端末や通信環境の整備などを図る「GIGA スクール構想」（後述）が進み、ICT 環境やデジタル教材、動画などの学習支援コンテンツが整うことによって児童生徒の学びは一層充実したものになると思われる。もちろん、大きな課題もある。その一つは、遠隔・オンライン教育や ICT を活用して効果的な指導をすることができる教師が決して多くはないということである。文部科学省が全国の公立学校（小学校、中学校、義務教育学校、高等学校、中等教育学校及び特別支援学校）の授業を担当している全教員を対象に毎年行っている**「学校における教育の情報化の実態等に関する調査」**によると、児童生徒の ICT 活用を指導することができる教員の割合は、全国47都道府県の平均が令和 2 年 3 月 1 日現在で71.3%と前年（平成31年 3 月 1 日）の70.2%からわずか 1 ポイント程度の増加に止まっている。また、教師自ら授業に ICT を活用して指導する能力を有する教員は更に低い割合である（令和 2 年 3 月 1 日現在で69.8%、平成31年 3 月 1 日現在では69.7%とわずか0.1 ポイントの増加）。今後は、教師が主体的に ICT 活用能力を高めるとともに、教育委員会等には、ICT 活用のための研修機会の提供等、学校や教師を支援する取り組みの充実が求められる。

[参考・引用文献]
- 「新しい生活様式」の実践例（厚生労働省 HP）
- 文部科学省「学校における新型コロナウイルス感染症に関する衛生管理マニュアル〜『学校の新しい生活様式』〜」（5 月22日〈(Ver. 1)〉［改訂版：6 月16日（Ver. 2）：8 月 6 日（Ver. 3）：9 月 3 日（Ver. 4）：12月 3 日（Ver. 5）］

- 文部科学省「新型コロナウイルス感染症の予防～子供たちが正しく理解し、実践できることを目指して～」（2020年4月）
- 文部科学省「新型コロナウイルス感染症に対応した持続的な学校運営のためのガイドライン及び新型コロナウイルス感染症対策に伴う児童生徒の『学びの保障』総合対策パッケージについて（通知）」（2020年6月）
- 文部科学省「新型コロナウイルス感染症を踏まえた、初等中等教育におけるこれからの学びの在り方について～遠隔・オンライン教育を含むICT活用を中心として～」（2020年7月2日）
- 赤堀侃司著・監修『オンライン学習・授業のデザインと実践』Jam House、2020
- 文部科学省「令和元年度 学校における教育の情報化の実態等に関する調査結果（令和2年3月現在)」（令和2年10月）

2. コロナ後の教育の在り方

　新型コロナウイルス感染症が収束した段階（以下「**コロナ後**〈アフターコロナ〉」の段階）における学びはどうあればよいだろうか。

　新型コロナウイルス感染症は、学校教育に単なる災禍をもたらしただけではなく、これからの教育の在り方を考えるうえで貴重な示唆を与えることにもなった。これまでもインフルエンザ等の集団感染があった場合、学校長の判断で学級閉鎖や学年閉鎖等が行われ、子どもたちが学校に登校できなくなることはあった。コロナ禍はインフルエンザとは比較にならないほど長期にわたり、しかも世界的な規模となったが、これからは、そうした平常時とは異なる場合に、コロナ禍の中で行われた遠隔・オンライン教育による学習支援の経験が活きることになるだろう。また、緊急時だけではなく、平常時の教育活動においても遠隔・オンライン教育の活用場面が広がっていくことになるだろう。

　コロナ禍の中、子どもたちの学びを保障する取り組みを進めるうえで示唆されたものは何だったのだろうか、そのことを踏まえて今後（コロ

ナ後）の教育の方向性について考察する。

(1) コロナ禍が示唆したもの

①ICTの活用が絶対的に不足している

　経済協力開発機構（OECD）は「**図表でみる教育2020年版（INSIGHTS FROM EDUCATION AT A GLANCE 2020)**」と新型コロナウイルス感染症危機の影響を分析した附録リポート「**THE IMPACT OF COVID-19 ON EDUCATION**」をまとめ公表した（右図）。加盟37か国及びその他の9か国の教育制度等を分析したものである。

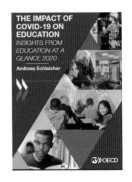

　その中で、「**新型コロナウイルス感染拡大の教育への影響**」については、各国で多くの学校と大学が数か月にわたって閉鎖されたことや、日本においても2020年3月2日から臨時休業となったこと、そして日本を含めた各国が遠隔授業を実施したこと等を紹介している。また、ほとんどのOECD諸国が再開の条件として物理的距離が確保できることを条件としたが、日本は学級規模が比較的大きく、ソーシャルディスタンスの確保が難しい現状を紹介している。一方で、マスク着用や手洗いの励行など安全面、衛生面の措置が講じられている、との評価をしている。

　リポートの中で、日本が他国に比べてICT（情報通信技術）活用が著しく低いことを指摘している。授業等においてICTを「頻繁に（frequently）」、または「いつも（always）」生徒に利用させている教員の割合は、OECD平均は50％を超えて51.3％であるにもかかわらず、日本の中学校では、20％を下回って17.9％である。20％以下は日本だけである。最も利用比率の高いデンマークは90％超（90.4％）に達している（次頁図上）。

　現在、教育の場におけるICT活用の流れは世界の潮流になってきている。日本がその流れに遅れていることは、2018年のOECDによる

「生徒の学習到達度調査（PISA 2018調査）」の結果から既に明らかになっていた。

PISA 2018調査では、日本の子ども（15歳：高校1年生）の「読解力（reading literacy）」の平均得点（504点）は、OECD平均より高得点のグループに位置しているものの、前回2015年調査（516点）より低く、有意に低下してOECD加盟国（37か国）中では11位（順位の範囲：7－15位）、全参加国・地域（79か国・地域）における比較でも15位と過去7回の調査で最も低かった（右図下）。

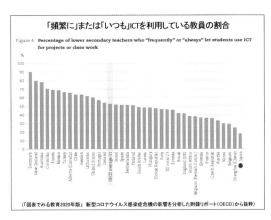

「頻繁に」または「いつも」ICTを利用している教員の割合

Figure 4 Percentage of lower secondary teachers who "frequently" or "always" let students use ICT for projects or class work

（「図表でみる教育2020年版」新型コロナウイルス感染症危機の影響を分析した附録リポート（OECD）から抜粋）

OECD 生徒の学習到達度調査2018結果

● 全参加国・地域（79か国・地域）における比較　　は日本の平均得点と統計的な有意差がない国

	読解力	平均得点	数学的リテラシー	平均得点	科学的リテラシー	平均得点
1	北京・上海・江蘇・浙江	555	北京・上海・江蘇・浙江	591	北京・上海・江蘇・浙江	590
2	シンガポール	549	シンガポール	569	シンガポール	551
3	マカオ	525	マカオ	558	マカオ	544
4	香港	524	香港	551	日本	530
5	エストニア	523	台湾	531	日本	529
6	カナダ	520	日本	527	フィンランド	522
7	フィンランド	520	韓国	526	韓国	519
8	アイルランド	518	エストニア	523	カナダ	518
9	韓国	514	オランダ	519	香港	517
10	ポーランド	512	ポーランド	516	台湾	516
11	スウェーデン	506	スイス	515	ポーランド	511
12	ニュージーランド	506	カナダ	512	ニュージーランド	508
13	アメリカ	505	デンマーク	509	スロベニア	507
14	イギリス	504	スロベニア	509	イギリス	505
15	日本	504	ベルギー	508	オランダ	503
16	オーストラリア	503	フィンランド	507	ドイツ	503
17	台湾	503	スウェーデン	502	オーストラリア	503
18	デンマーク	501	イギリス	502	アメリカ	502
19	ノルウェー	499	ノルウェー	501	スウェーデン	499
20	ドイツ	498	ドイツ	500	ベルギー	499

信頼区間※（日本）：499-509　信頼区間（日本）：522-532　信頼区間（日本）：524-534

※灰色の国・地域は非OECD加盟国・地域を表す。

（「OECD生徒の学習到達度調査2018結果」（文部科学省・国立教育政策研究所）から抜粋）

　しかも、習熟度レベル1以下（最も基本的な知識・技能を身に付けていない）の低得点層が有意に増加していた（一方、「数学的リテラシー」は加盟国中では1位、全参加国・地域中では6位、「科学的リテラシー」はそれぞれ2位と5位で上位の成績であった）。

「読解力」不振の要因の一つとして、2018調査がデジタルテキストを踏まえたコンピュータ使用型に移行し、コンピュータ使用型調査用に開発された新規問題が多かったことが指摘されている。つまり、日本の生徒にとって、あまり馴染みのない形式のデジタルテキスト（Webサイト、投稿文、電子メールなど）や文化的背景、概念・語彙などが多く出

題されたことが正答率低下の要因として分析がなされた。

　調査では、生徒に、携帯電話やデスクトップ／タブレット型コンピュータ、スマートフォン、ゲーム機など、様々なデジタル機器の利用状況についても尋ねている。

　日本は学校の授業（国語、数学、理科）におけるデジタル機器の利用時間が短く、OECD 加盟国中最下位であり、「利用しない」と答えた生徒の割合は約80％に及び、OECD 加盟国中で最も高い。コンピュータを使って宿題をする頻度も OECD 加盟国中最下位であった。一方、他国と比較して、ネット上でのチャットやゲーム（１人用ゲーム・多人数オンラインゲーム）を利用する頻度の高い生徒の割合が高く、かつその増加の程度が著しいことが示されていた。

　ICT 活用状況に関しては、PISA 2018調査からも分かるように、コロナ禍以前から日本は世界に遅れをとっていたのであり、その改善が大きな課題であった。

　こうした状況に対して文部科学省は、児童生徒の情報活用能力の確実な育成を図るために、平成29・30年に告示された学習指導要領の中で、「小学校段階からのプログラミング教育の実施」や「学校での学習活動におけるコンピュータ活用の推進」等を掲げた。そして、まさに新型コロナウイルス感染症が拡大している最中の2020（令和２）年４月から小学校では新学習指導要領による学びがスタートすることになっていたのである。

　更に文部科学省は、2019（令和元）年６月28日に「**学校教育の情報化の推進に関する法律**」を制定し、12月19日には「**GIGA スクール実現推進本部**」を設置、「学校における高速大容量のネットワーク環境（校内 LAN）の整備を推進するとともに、特に、義務教育段階において、令和５年度までに全学年の児童生徒一人ひとりがそれぞれ端末を持ち、十分に活用できる環境の実現を目指す」とする **GIGA スクール構想**（GIGA ＝ Global and Innovation Gateway for All）を打ち出した。

　日本で初めて新型コロナウイルス感染症の患者が発見される直前のことである。

②1学級の児童生徒数が多い

　日本は1クラス当たりの児童生徒数が世界で最も多い国の一つである。ほかの国々では1クラスの児童生徒数を少なくして、一人ひとりに目配りをした指導を行う傾向にあるが、日本においては法律（「公立義務教育諸学校の学級編制及び教職員定数の標準に関する法律」、略称は「義務教育標準法」）によって、公立小中学校の学級編制の基準（1学級の児童生徒数の上限）は40人（小学校1年生は35人）と定められている。少子化等の影響により実際の1学級の生徒数は法定人数より少ない場合が多いものの、OECD各国の中では最も多いレベルである。OECD調査によると、1クラス当たりの生徒数は、日本は小学校が27.2人、中学校が32.1人である（下図参照）。OECD平均は小学校21.1人、中学校23.3人である。従って日本においては、コロナ禍の状況下にあって「3密」を避けるために、分散登校や時差登校、分割授業が特に必要であったのである。文部科学省の調査によると、世界の中では、米国（カリフォルニア州）や英国のように1クラス当たりの生徒の上限を30人以下にしてきめ細かい指導を行う国も多く、少人数化が世界の、そして時

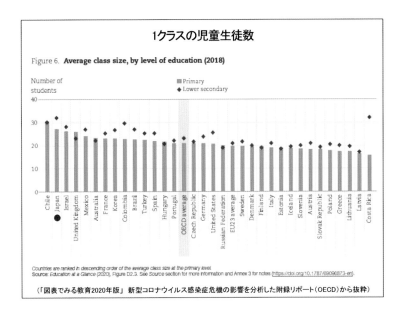

（「図表でみる教育2020年版」新型コロナウイルス感染症危機の影響を分析した附録リポート（OECD）から抜粋）

代の流れになっている。

③子どもの学びに向かう力の育成が必要

　一斉臨時休業となって、子どもが家庭での学びを余儀なくされたとき、「１．コロナ禍の中での学びの保障 ⑴②学校休業による課題と対策」でも述べたように、多くの教師が危惧したことは、「自分から計画的に家庭学習ができるかな」という不安であった。家庭学習の差が、長い休業が終わって登校した子どもたちに学力差となって表れるのではないかという不安である。

　コロナ禍以前の対面での授業は、教師が学習計画を立て、子どもはそれに従って学ぶスタイルが一般的な学びのスタイルであった。長い夏休み中においても、課題（宿題）を与え、計画的に学習するように指導することが教師の務めでもあった。しかし、「第４章　未来を生きる子どもたちのために」で述べたように、これからの教育では、子どもたちが自分で自分の学習を計画し、実行し、振り返りながらその計画を自ら調整していくことができるように指導することが必要になる。

　経済協力開発機構（OECD）による98か国330教育機関（日本の回答数は４）を対象とした調査によると、コロナ禍の中での「**教育に生じた予想外の肯定的な成果**」として、「テクノロジーや他の革新的な方法の導入」が第一の変化として挙げられている（「かなり効果がある」と「やや効果がある」の合計が76.7％）。第二の変化としては、「**子どもたちが自らの学びをマネジメントする自律性の伸長**」（同70.9％）が挙げられている（次頁図）。教室での対面授業ができなくなって、家庭での児童生徒個人による学びが強いられる中、自ら計画的に行う機会が増え、その結果として自律性の伸長がみられたと考えられる。

　この OECD の調査結果は喜ばしいことではあるが、筆者の聴き取り調査によると、子どもたちの臨時休業期間中の家庭学習の定着度には大きな開きがみられ、学校再開後に学力差が大きくなっていると感じている教員は少なくない。そして、多くの教員が「子どもの自学力（『学びに向かう力』）を高めること」を今後の課題として挙げている。

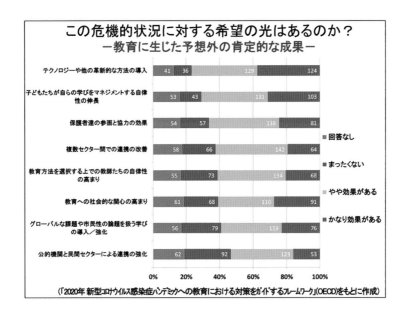

子どもたちに、学校休業で生まれた時間を自分の学びを広げたり深めたりする自学の時間として積極的に活用する力があれば、教師の不安は杞憂に終わる。子どもの「学びに向かう力」は、幼児の段階から、発達段階に応じて徐々に育つものである。しかし、学校教育においては教師が意図的に、特に小学校中学年以降の児童生徒に対しては、子どもが学習の目標や達成状況を自覚し、学習の進め方を調整できるように指導することが大切である。今後、災害や感染症等による学校の臨時休業などの緊急時においてはもちろん、平常時においても、一人ひとりの児童生徒に充実した学びを保障するために、日頃から意図してすべての子どもの「学びに向かう力」を育てることが必要である。

⑵ コロナ後の教育の在り方

文部科学省の調査によると、2020年3月時点の学校現場における学習者用端末の導入台数は児童生徒5.4人に1台程度と、改めて日本のICT環境の整備の遅れと、自治体間の格差が大きいことが明らかになっ

た。そこで、文部科学省はICT環境の全国一律の整備が急務であると
して、2019（令和元）年に打ち立てた**GIGAスクール構想**（学校にお
ける高速大容量のネットワーク環境の整備と、児童生徒一人ひとりがそ
れぞれ端末を持ち、十分に活用できる環境を2023年度までの5か年で
実現するとした構想）を前倒しして、2020年度中に学習用端末を1人
1台導入し、高速大容量の通信ネットワークと一体的に整備するとし
た。コロナ禍の中でも、児童生徒の学びを止めないための環境整備がス
タートしたのである。

　しかし、ICT環境の整備は手段であり目的ではない。めざすべき「学
びの在り方」とは如何なるものかを明らかにしたうえで、その実現のた
めの手段として整備された環境を十分に活用し、誰一人取り残すことな
くすべての子どもたちに「確かな学力」を身に付けることが求められ
る。

①めざす学びの在り方
　未曾有の世界的災禍である新型コロナウイルス感染症拡大の中にあっ
ても、動ずることなく教育における本質（「不易」）を見定め、子どもの
教育を受ける権利を保障し全人的発達をめざす教育が求められる[*1]。
　文部科学省は、今後（「コロナ後」）のめざすべき学びの在り方を「**全
ての子供たちの可能性を引き出す、個別最適な学びと、協働的な学びの
実現**」[*2]としている。
「**個別最適な学び**」とは、児童生徒一人ひとりの能力や興味・関心、適
性、学習の理解度や進度、更には学習履歴（スタディ・ログ）等に応
じて個別最適化された学びのことである。ICTを基盤とした先端技術
（AIを活用したドリルやデジタル教科書・教材、VR〈Virtual Reality：
バーチャルリアリティ：仮想現実〉、AR〈Augmented Reality：アグメン
ティッドリアリティ：拡張現実〉等）や教育ビッグデータ（学習履歴
データ、学習評価データ、行動記録データ等）を効果的に活用すること
で、一人ひとりの子どもがもつ可能性を最大限引き出すことが期待され
る。

「**協働的な学び**」とは、子どもたち同士が協力して教え合い学び合うことである。学級や同一学年はもとより、異学年間の学びや、他の学校の子どもたちとの学び合いなども含む。主体的・対話的で深い学び（アクティブ・ラーニング）を実現する手法の一つとして注目され、ICT の活用により空間的・時間的な制約が緩和されることから、より効果的かつ広範な学習の実現が期待される。協働的な学びにおいては、特に、集団の中で個が埋没しないように一人ひとりの児童生徒の良い点や可能性を見つけ出して育てていくことが大切である。

　個別最適な学びの充実にあたっては、それが個々の孤立した学びに陥らないように留意する必要があり、個別最適な学びの成果を協働的な学びに生かし、その成果を個別最適な学びに還元するなど、個別最適な学びと協働的な学びの**往還**を実現することが必要である（右図）。特に、個別最適な学びを指導する際には、子どもたちの基礎学力や学習意欲の格差を拡大することのないように、また学びにおける競争意識を煽ることのないように留意することも重要である。公教育の第一の使命は、全ての子どもたちに必要な教育を平等に提供し基礎学力を保障することにあるのだから。

　新型コロナウイルス感染症は、国際化の進んでいる国内外の大学ほど大きな影響を受けたといわれているが、そうした中、オンラインを使った国際交流も進んでいる。テレビ会議システムなど情報通信技術（ICT）を駆使して多国籍の学生たちが PBL（Project Based Learning：プロジェクト・ベースト・ラーニング）に取り組んでいる大学もある。海外とのオンライン協働学習システム（オンラインのプラットホーム上に、提携先の海外大学の学生と日本の学生が集い、テレビ会議システムを使って文書の交換をしたり、議論をしたりするなどして学習するもの）には、留学の一部代替手段、日常的な国際交流教育としての期待も

ある。こうした学びの形態は、国際交流を行っている高等学校や中学校でも徐々に行われつつあり、個別最適な学びと国境を超えた協働的な学びの往還として今後更に取り組みが深化していくものと思われる。

②教育環境の整備
○教育環境の整備（ハード・ソフト・指導体制）

　全ての子どもたちの可能性を引き出す個別最適な学びと、協働的な学びの実現をめざすためには、教育環境の整備が必要不可欠である。

　文部科学省は、ハード面の整備に関しては、「GIGA スクール構想」により、児童生徒向けの1人1台端末と、高速大容量の通信ネットワークを一体的に整備している。しかし、個別最適な学びのためには、ハードの整備だけではなく、デジタル教科書や教材などのデジタルコンテンツや個々の子どもの学力に合わせて提示される AI ドリルなど先端技術を活用したソフト面の開発、充実が必要である。

　文部科学省と並んで経済産業省においては、子どもたち一人ひとりの個性や特徴、興味・関心や学習の到達度が異なることを前提に、各自にとって最適で自律的な学習機会を提供するために、AI（人工知能）等の力を借りて、EdTech（エドテック）*3を用いて子どもたち一人ひとりに適した多様な学習方法を見出す**「未来の教室プロジェクト」**の推進を図っている（右図）。このプロジェクトでは、国内外の教育産業界、学校、研究機関と連携して、従来の「教室」のイメージを払拭し、インターネットで世界と繋がる、社会に広く開かれた「未来の教室」のビジョンを示

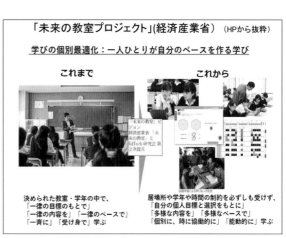

す試みも行われている。例えば、EdTech（エドテック）を用いた取り組みとしては、AI教材を用いて、子どもの学習履歴をデータとして蓄積し、子ども一人ひとりの問題の解き方や間違え方をAIが分析し適切な問題を提示したり、子どものつまずきや正答率をリアルタイムに収集、分析するなどして個別学習を充実させる授業提示等が行われている。

　特にソフト開発に関しては、教科書に準拠した授業動画を配信したり、学習プリント配信サービスを行ったり、デジタル教科書を開発したり、人工知能（AI）や情報通信技術（ICT）を用いた多様な学び方の開発を行ったりしている。

　指導体制の充実を図る試みとしては、ICT支援員などの配置によって子どもへの適切な指導・支援体制を整えることが計画されている。各学校においては、ICT教育の充実のために教員組織の改編を行っているところもみられる。

　こうした、ハード、ソフト、指導体制の充実によって子どもの学びが個の特性に即して豊かになっていくことが期待される。

　教師はこれまで、子どもの成長の個人差に配慮しながらも、一律の学習内容を同一年齢の子どもたちに、同一進度の授業の中で指導するという横並びの教育を行ってきた。そうした指導においては個人差への配慮に限界があった。しかし、ICTを基盤とした先端技術の格段の進歩と教育現場への活用によって、「個別最適な学び」が徐々に現実のものになろうとしている。Society 5.0時代（第4章参照）を生きる子どもたちにとって、情報端末（ノートパソコン等）がノートや鉛筆と同じように日常的に使われる学用品（文房具）の一つとなることで、更に個別最適な学びと協働的な学びが促進されることが期待される。コロナ禍がその勢いを一気に加速させたのである。

○教育環境の整備（少人数学級）

　コロナ禍の中で注目された1学級の生徒数については、「少人数学級」が実現に向けて動き出した。教育再生実行本部が30人以下の少人数学

級のために義務教育標準法の改正を求める決議を採択したり、全国知事
会などが少人数学級の実現を国に要望したりするなどの活動が活発と
なった。教育再生実行会議においても初等中等教育ワーキンググループ
が「ポストコロナ期も見据え、令和時代のスタンダードとしての『新し
い時代の学びの環境の姿』」として少人数学級導入に向けた議論を推し
進め、2020（令和2）年12月には、文部科学省が「2021年度に小学校
1年生で実施している35人学級を小学校2年生にも適用し、2025（令
和7）年度までに小学校全学年を35人以下にする」と公表した。学級
人数の複数学年での引き下げは1980（昭和55）年度に公立小中学校の
全学年で12年かけて45人から40人になって以来40年ぶりとなった。

　少人数学級編成は、新型コロナウイルス等の感染症からの「**感染リス
クの低減**」のみならず、子どもたち一人ひとりの特性や学習進度、学習
到達度等に応じた「**指導の個別化**」、子どもたちの興味・関心等に応じ、
ICT を活用するなどして自ら学習を調整する主体的な「**学習の最適化**」
を促すために必要不可欠である。更には、担任として受け持つ児童生徒
数の減少は、子ども一人ひとりへの細やかな配慮や指導・支援ができる
というだけでなく、教職員の長時間労働の軽減にも寄与する。

③教師の役割・働き方
○校務の合理化
　学校はこれまで、**校務の情報化**＊4により作業量の軽減と効率化が図
られるとして、校務に関わる情報を電子化し教職員間で共有できるよう
にしたり、文書のやり取りをネットワークを介して行ったりするなどし
て情報化に取り組んできた。

　更に、コロナ禍を奇貨として、書類のペーパーレス化、各種証明書発
行のデジタル化とオンライン化等、校務を合理化する取り組みが進めら
れている。3密を避けるために打ち合わせや会議を最小限に減らしたり
オンライン化して開催したりするなど、会議の合理化等もすでに多くの
学校で行われている。

　また、文部科学省は、コロナ禍の中で、学校と保護者の間の連絡につ

いて、保護者の押印の手続きを省略し、電子メールでの配信や双方向の
情報伝達が可能な専用ソフトを活用するなど、デジタル化に取り組む
よう要請している＊5。学校では、これまで児童生徒を通して「お便り
帳（連絡帳）」の配布や PTA への出欠確認、各種アンケート、進路希望
調査等、さまざまな書類を保護者とやり取りしている。保護者からは児
童・生徒の欠席連絡等もある。こうした連絡手段のデジタル化が進め
ば、教員が配布物の印刷・配布や回収・集計の手間を掛けずに迅速な情
報のやり取りが可能になり、保護者と学校双方の負担軽減につながる。
教員の働き方改革にもつながる。

「GIGA スクール構想」の目的の一つには、教育 ICT 環境の整備による
児童生徒の学びの多様化の推進とともに、教職員の業務支援システムを
導入することによる働き方改革の実現がある。今後は、個人情報の漏洩
等に十分な配慮をしたうえで、学校から外部（例えば保護者等）への通
知（例えば成績票）も含めて、より効率的な校務運営、学校運営が行わ
れることが期待される。

○教師の指導（支援）の在り方・果たすべき役割の変化

「個別最適な学び」と「協働的な学び」といった子どもの学びの変化
は、当然教師の指導（支援）の在り方や果たすべき役割の変化を生む。

　教師には、児童生徒の学びの場を教室内から教室外に拡大したり、一
斉指導と個別の指導とを絡ませたり、更には対面授業とオンライン授業
を組み合わせたり、個別最適な学びと協働的・探究的な学びを適時適切
に計画し往還させたりするなど、様々な学びの形態を、多様な児童生徒
を一人として取り残すことのないように適切にコーディネートすること
が必要になる。

　特にコロナ後の社会においては、高度に進んだ ICT 環境が個別最適
な学びを可能にさせ、学びが一層多様化する。そのような環境下におい
て、教師には個々の子どもに応じた課題の設定や学習活動の提供・支
援、更には子ども自身が主体的に学習を最適化するための助言を行うな
ど、チューター（Tutor）またはコーチ（Coach）としての役割が期待さ

れる。特に、児童生徒が AI 教材等を使って個別学習をする授業においては、高い専門性を身に付けて児童生徒と一緒に学び、考え、寄り添う伴奏者、共同探究者のような役割を担うことで、子どもたちが安心して学べる環境をつくることが大切となる。子どもにとっては、**教師の存在自体が最適な学びの環境とならなければならない。**

○教師の働き方の変化

　コロナ禍の中で民間企業の多くは、ICT やネットワークを駆使して社員の働き方を改善した。テレワークや時差出勤が増加し、働き方の多様化が一気に進んだ *6。また、これまで暗黙の業務遂行ルールとしてあった書面主義や押印の原則、対面主義などがコロナ禍を契機に改められたとする企業も多い。こうした働き方の変化により、働く場所や時間、働く内容を個人が自由に選択することができるようになるなど、個人の主体性や判断力、変化への柔軟な対応力がこれまで以上に求められることになった。仕事も働き方も会社（組織）から与えられるものではなく、一定の枠の中ではあるが、働く個人の裁量の範囲が広がり、一人ひとりが積極的に自分らしい職業人生を歩むことを意識した働き方が求められるようになったということもできる。

　教育現場では、コロナ禍を契機に子どもの学びの在り方が大きく様変わりしつつある。一方それは、前述したように、教師の役割や職場環境にも変化をもたらし、教師の働き方にも影響をもたらしている。

　現在でも校務の効率化やデジタル教科書の使用等で負担は軽減されていると感じているという教師がいる一方、役割や働き方の変化に戸惑う声も聞こえている。これからの教員には、変化に柔軟に対応しながら自らの主体的な意志で、より働きやすい職場環境を創造し、やり甲斐のある環境の中で充実した教職人生を歩んでもらいたい。

　これまで述べたように、コロナ後は、コロナ禍での経験を経て、また改訂学習指導要領の実践の時期とも重なり、児童生徒の学びの在り方や教師の役割、働き方が大きく変わる。しかし、学校教育の基本は、児童

生徒と教師、児童生徒同士の人間的・人格的触れ合いを通した学び合い、教え合いにあるということは変わるものではない。多様な人々や様々な出来事、物との直接的な出会い、体験が児童生徒のみならず教師の人間的な成長を育むのである。

　コロナ禍の中では、やむを得ず児童生徒と教師の直接的な触れ合いのない形で教え合いや学び合いが行われた。しかしそうした中にあっても、学校や教師の工夫や努力で一定の質を確保することができた。新型コロナウイルスが収束し、対面授業が可能になったとしてもコロナ前には戻れない。コロナ後の授業や教育活動においては、コロナ前の対面授業・教育活動のメリットや、コロナ禍の中で行われた遠隔・オンライン授業・教育活動のメリットを最大限に活かし、それぞれのメリットを超えた質の高い授業、質の高い教育活動を児童生徒に提供しなければならない。

＊1）日本国憲法では、「第26条　すべて国民は、法律の定めるところにより、その能力に応じて、ひとしく教育を受ける権利を有する」としている。また教育基本法第1条では、教育の目的を「教育は、人格の完成を目指し、平和で民主的な国家及び社会の形成者として必要な資質を備えた心身ともに健康な国民の育成を期して行われなければならない」としている。

＊2）「『令和の日本型学校教育』の構築を目指して〜全ての子供たちの可能性を引き出す、個別最適な学びと、協働的な学びの実現〜（答申）」中央教育審議会（令和3年1月26日）

＊3）「EdTech（エドテック）」とは、Education（教育）とTechnology（テクノロジー）を組み合わせた造語で、科学技術を用いて教育を支援する仕組みやサービスをいう。子どもの学習支援システムや教師の授業支援システム、インターネット上で学習できるサービス等、EdTechに分類できるサービスは数多く生まれている。

＊4）「校務」とは、学校教育はもとより学校運営に関わるすべての業務をいう。「校務の情報化」とは、校内における学校運営に関わる情報をネットワーク上で処理することであるが、単に、早く正確に処理するという効率化だけではなく、教育活動の質的な改善にも寄与するものである。校務の情報化の推進により、教員が児童生徒の指導により多くの時間を割くことが可能になるだけでなく、各種情報の分析・共有により、よりきめ細かな学習指導や生活（生徒）指導ができるようになることも期待できる。教員には情報活用能力とともに、ネットワークリテラシー（インターネットの便利さや脅威、ルールを理解し、情報を発信することができる能力）が求められる。

＊5）文部科学省「学校が保護者等に求める押印の見直し及び学校・保護者等間における連絡手段のデジタル化の推進について（通知）」（令和２年10月20日）

＊6）リクルートワークス研究所「コロナ危機と私たちの働き方」

［参考・引用文献］

- THE IMPACT OF COVID-19 ON EDUCATION—INSIGHTS FROM EDUCATION AT A GLANCE 2020
- OECD: A framework to guide an education response to the COVID-19 Pandemic of 2020「2020年新型コロナウイルス感染症パンデミックへの教育における対策をガイドするフレームワーク」木村優他仮訳
- 文部科学省 国立教育政策研究所「OECD 生徒の学習到達度調査（PISA）Programme for International Student Assessment～2018年調査国際結果の要約～」（2019〈令和元〉年12月）
- 学級規模の基準と実際［国際比較］（文部科学省調査）
- 国立教育政策研究所『教員環境の国際比較 ─ OECD 国際教員指導環境調査（TALIS）2018報告書 ─』ぎょうせい、2019

- 「学校教育の情報化の推進に関する法律」（令和元年6月28日）
- 文部科学省「新型コロナウイルス感染症に対応した新しい初等中等教育の在り方について」（令和2年5月26日）
- 文部科学省「『学びの保障』総合対策パッケージ」（2020年6月5日）
- 文部科学省初等中等教育分科会「新型コロナウイルス感染症を踏まえた、初等中等教育におけるこれからの学びの在り方について～遠隔・オンライン教育を含むICT活用を中心として～」（令和2年7月2日）
- 文部科学省初等中等教育分科会「『ポストコロナ』を見据えた新しい時代の初等中等教育の在り方について」（令和2年7月2日）
- 文部科学省教育課程部会資料「教育課程部会におけるこれまでの審議のまとめ（たたき台）」（令和2年9月24日）
- 中央教育審議会「『令和の日本型学校教育』の構築を目指して～全ての子供たちの可能性を引き出す、個別最適な学びと、協働的な学びの実現～（答申）」（令和3年1月26日）
- 経済産業省「未来の教室」とEdTech研究会「『未来の教室』ビジョン」第2次提言（2019年6月）
- 立田慶裕『世界の大学に見る学習　オンライン教育支援システム』文部科学教育通信No.491
- 本間政雄『高等教育政策を解説する　コロナ禍の大学……課題と展望』学校経営アカデミー　第20号

第II部　教育を支えるもの

第6章　教職の特殊性　― 専門職としての厳しさ ―

　教職の特殊性に関して、特に「**職務の特殊性**」及び「**勤務態様の特殊性**」について文部省（現文部科学省）は『教育職員の給与特別措置法解説』の中で、次のように指摘している。「**職務の特殊性**」については、「教育の仕事に従事する教員の職務はきわめて複雑、困難、かつ、高度な問題を取り扱うものであり、したがって専門的な知識、技能はもとより、哲学的な理念と確たる信念、責任感を必要とし、また、その困難な勤務に対応できるほどに教育に関する研修、専門的水準の向上を図ることが要求される。このように教員の職務は一般の労働者や一般の公務員とは異なる特殊性をもつ職務である」。また、「**勤務態様の特殊性**」については、「通常の教科授業のように学校内で行われるもののほか、野外観察等や修学旅行、遠足等の学校行事のように学校外で行われるものもある。また、家庭訪問のように教員個人の独特の勤務があり、さらに自己の研修においても必要に応じて学校外で行われるものがある。このように、勤務の場所から見ても学校内の他、学校を離れて行われる場合も少なくないが、このような場合は管理・監督者が教員の勤務の実態を直接把握することが困難である。さらに夏休みのように長期の学校休業期間中の勤務は児童生徒の直接指導よりも研修その他の勤務が多いなど一般の公務員とは違った勤務態様の特殊性がある」としている。このような教員の職務と勤務態様の特殊性を考慮して、全ての教員に「**教職調整額**」（給料月額の４％）が一律に支給されていることは既に述べた通りである（「第１章　教職の世界　４．教員の待遇」参照）。

　こうした教員の勤務態様の在り方に関しては、「教職員の働き方改革」が進められている（「第１章　教職の世界　２．教師の働き方」参照）。ここでは、教師が自らの人間性や創造力を高め、教職人生を豊かにすることで子どもたちに対して効果的な教育活動を行うことができるようになることをめざした改革が議論されている。

　本章においては、勤務態様に関する特殊性ではなく、教育指導におけ

る教職独自の特徴や配慮すべきこと等、主に教職ならではの職務の特殊性について述べる。筆者がこれまでの教職生活を通して感じ、配慮してきたことでもある。

[参考・引用文献]
▪ 教員給与研究会『教育職員の給与特別措置法解説』文部省初等中等教育局（1971〈昭和46〉年）

1. 成果はすぐには現れない。数値で表せない成果もある

　教育の目標は、児童生徒に望ましい資質・能力を身に付けさせることであり、生徒に望ましい「変容」を促すことである（「第3章　学び続ける教師」参照）。しかし、教師がどんなによい授業をしても、よい指導をしたとしても、すぐにすべての児童生徒が望ましい変容を遂げることは稀である。成果はすぐには現れないのである。また、目に見える形で成果を示すことができない場合も少なくない。子どものテストの成績や進路実績（進学先や就職先）を指導の成果とみる人もいるが、しかし、それは指導の成果の一側面でしかない。

　指導した結果が目に見える形で現れなくても、あるいはすぐに生徒の変容に結びつかなくても、教師は**“指導の実感”**や**“手応え”**が得られることで、次の指導のエネルギーを得ている。指導の実感や手応えというのは「**児童生徒の成長（変容）**」である。日々付き合っている目の前の児童生徒のわずかな成長の実感が、たとえそれが目に見えるものでなくても、教師としての仕事の達成感や仕事のやり甲斐につながるのである。

　民間企業の人が、目に見える実績等で得ている達成感を、教師は子どもの成長を実感することで得ている。数ある職業の中には、努力の結果が収入や名声に結びつくこともあり、結果に拘る人がいるのは理解できる。しかし、発達途上の児童生徒を対象とする教育の世界では、結果が

すべてではなく、児童生徒が目標をもって努力するその過程を大事にする。そして、その努力の結果として一人ひとりが今より少しでも前に進むこと（進歩・変容すること）に価値を置くのである。結果がよくなければ努力しても無駄である、ということには決してならない。結果至上主義に陥ると、手段や過程を軽んじることになりかねない。部活での体罰やテストでの不正行為等は、手段を選ばない結果主義に陥ったからとも考えられる。

　人には皆、それぞれかけがえのない資質・能力がある。それらは意識的に啓発し錬磨して初めて花開くものである。しかも、それらには個人による特性があり、発達には遅速もある。教育の成果を評価するには、時間をかけて行うべきものもあり、目に見えるものだけで拙速に評価してはならないのである。

2．子どもの成長と教師自身の成長

　教師という**仕事の醍醐味**の一つは「**子どもの成長**」の実感であり、それは、学校在籍中の児童生徒の成長というだけではなく、学校卒業後に新たな世界で活躍している姿を見ることでも得られる。

　子どもの成長に関しては、子どもは親を見て育つともいうように、子どもは身近な存在である「教師」から多くのことを学んでいる。もちろん、教科の指導だけではなく、教師の人間性、人間的魅力や教師自ら学ぶ姿勢が子どもに大きな影響を及ぼしているのである。

　反面、教師もまた、多くのことを子どもから学んでいる。

　世界で最初の「幼稚園」を創設し、「幼児教育の祖」といわれているフレーベルは、「親として、教師として、子どもをどう導けばいいのだろうか」との問いに、ただ、児童をよく観察すればよい。そうすれば、子ども自らその方法を教えるであろうと答えている。また、教育においては、単に成人から子どもへの作用ばかりでなく、子どもの新鮮な若い命から、疲労にさらされた成人への、教育的に全く同等の意味をもつ反作用も存在するのであると強調している。教師は意図して児童生徒を教

育しているが、意図せず児童生徒から様々なことを教わってもいるのである。

　教師は、「自分の指導を子どもに響かせるにはどうしたらよいだろうか」、「どうすれば子どもは静かに自分の話を聞いてくれるだろうか」、「子どもたちが楽しんで活き活きと授業に参加するためにはどうしたらよいだろうか」等々自問することが多い。こうした問いには教師が子どもの声を聴こうとすれば子どもたちが答えてくれるのである。教師には、子どもの声、声なき声を耳を澄まして聴くことも大切なのである。

　サミュエル・ウルマンの詩「青春」を思い起こしていただきたい（右図）。

　教師という**仕事の醍醐味**の一つは、「**子どもの成長**」の実感であり、子どもの成長にみる「**自分自身の成長の実感**」である。そして更には、子どもとともに在って『強い意思』と『燃え上がる情熱』

青　春
　　　　　　　　　サミュエル・ウルマン

青春とは　真の青春とは　若き肉体の中にあるのではなく
若き　精神の中にこそある
バラ色の頬　真っ赤な唇　しなやかな身体　そういうものは問題ではない　問題にすべきは、強い意思　豊かな創造力　燃え上がる情熱そういうものをもっているかどうかである
（　中　略　）
歳を重ねただけで　人は老いない
夢を失ったとき　初めて人は老いるのである
歳月は皮膚に皺を刻むが、情熱を失えば精神は萎える
（　後　略　）

（新井満　訳（参考））

をもち、『豊かな創造力』を発揮し続ける「**自分自身の青春の実感**」でもある。

[参考・引用文献]
- フレーベル、岩崎次男訳『幼児教育論』明治図書、1972
- サミュエル・ウルマン、新井満訳『青春 Youth とは』講談社、2005

3. 公私の境目

　教職には、仕事とプライベートの境目が曖昧なところがある。

　勤務時間外でも児童生徒のことや授業のことを考えながら過ごしている教師も少なくない。中には、自宅で学級通信の作成や授業の準備をす

る教師もいる。特に、日本の教師は、「国際教員指標環境調査（TALIS）2018」でみたように、放課後の部活や授業の計画や準備等に多くの時間をかけている（「第 1 章　教職の世界　2．教師の働き方」参照）。また、児童生徒が問題行動を起こしたり事故に遭った際には、休日であっても現場に駆けつける教師もいる。こうした公私の境目のない働き方には課題が多い。教師が教師として真にその指導力を発揮し、子どもの望ましい成長に好ましい影響力を与えるためには、公私の曖昧な働き方を改善するなど、健全な職場環境を整えることが何よりも大事なことである。

　中央教育審議会は、「新しい時代の教育に向けた持続可能な学校指導・運営体制の構築のための学校における働き方改革に関する総合的な方策について（答申）」（2019〈平成 31〉年 1 月）の「はじめに」の中で、子どものためとして労を厭わない教師像について次のように記している。

「'子供のためであればどんな長時間勤務も良しとする'という働き方は，教師という職の崇高な使命感から生まれるものであるが，その中で教師が疲弊していくのであれば，それは'子供のため'にはならないものである。教師のこれまでの働き方を見直し，教師が日々の生活の質や教職人生を豊かにすることで，自らの人間性や創造性を高め，子供たちに対して効果的な教育活動を行うことができるようになるという，今回の働き方改革の目指す理念を関係者全員が共有しながら，それぞれがそれぞれの立場でできる取組を直ちに実行することを強く期待する。」

　今後は、現在強力に進められている「教師の働き方改革」によって、学校及び教師が担う業務の明確化や適正化が一層図られ、仕事とプライベートな時間がハッキリしていくものと思われる。

[参考・引用文献]

▪ 中央教育審議会「新しい時代の教育に向けた持続可能な学校指導・運営体制の構築のための学校における働き方改革に関する総合的な方策について（答申）」（2019〈平成 31〉年 1 月）

４．目的と手段、結果と過程

「**目的と手段、結果と過程を混同するな**」ということは、実に当たり前のことであるが、残念ながら教育の世界では少なからぬ混同がみられる。

目的と手段の混同がみられるのは、手段として行われていることに価値があると思い込んで、手段に十分力を注いだのであれば満足な結果が得られなくてもやむを得ない、と考えてしまうからであろう。例えば、教育現場では、「子どもの整容（身だしなみ）」について指導することがある。熱心に指導することはよいことであるが、一生懸命に整容指導したからそれでよしということにはならない。整容指導は手段であって、何のために指導するかという目的が意識されていなければ、指導すればよい、あるいは指導して形だけ整えればそれでよし、ということになりかねない。整容指導をする目的は、「規律ある学校生活を営み社会に適応する力を育てる」ことであり、指導した結果、生徒がどのように成長（変容）したのかが問われなければならない。教育のプロとして、結果に責任をもつ厳しさが教師には必要であり、甘えは許されないということである。たとえ、結果（成果）がすぐに現れないとしても。

前述したように、教育指導における教師の責任は、「**生徒が望ましい状態に変容すること**」である。つまり教育の**目的**であり指導の**結果（成果）**である。教師にとって、指導のプロセスを大切にすることは当然のことであるが、プロの仕事として大事なことは結果（＝望ましい状態への変容）である。「一生懸命に指導した」ことだけでは責任を果たしたことにはならない。子どもにとっては、努力する過程が大事であるということについては前述したとおりであるが、【花誇らず　実を誇る】という言葉があるように、教師にとって、教育指導はパフォーマンスで終わってはならない。地道な指導の積み重ねにより実を結ぶことが大切なのである。

2012年ノーベル医学・生理学賞を受賞した山中伸弥教授は、研究室の若手について次のように語っている。「夜遅くまで実験や論文書きや

諸々の仕事に追われていると、『自分はすごく頑張っている』と思い込み、満足してしまう。ふと気が付くと、何のためにその努力をしているのかわからなくなっている」と。山中教授は留学していた時、ボスから「VW（Vision〈ビジョン〉 & Hard Work〈ハードワーク〉）」という言葉、つまり、「明確なビジョンを持ち、それに向かって一生懸命に努力することが研究者として成功するための条件だ」ということを教わったということである。

　努力し続けることに満足するのではなく、常に目的を見失わずに見通しをもって成果を求めて前に進むこと、『何のために努力しているのか』を意識し続けることは、研究現場だけではなく、教育現場においても（もちろん実社会の様々な場面でも）大切なことではないだろうか。

[参考・引用文献]
▪ 山中伸弥・益川敏英『「大発見」の思考法』文藝春秋、2011

5．言葉の力、言葉の大切さ

　かつて小学校や中学校、高等学校で出会った教師の言葉を人生の指針のように思って大切にしている人は少なくない。

　教師の言葉が児童生徒の心を奮い立たせたり、悲しみを癒やしたり、励ましたりすることはよくあることである。が、逆に、教師の何気ない一言が児童生徒の心を深く傷つけたりもする。

　言葉には強さもあるが、同時に弱さもある。教師が児童生徒に向かって話した言葉でも、いつも届いているとは限らない。教師の言葉が子どもに届くとは、子どもが自分に語りかけた言葉として受け止め、自分事としてその言葉を理解し、なるほどと納得して心が動かされ感情や行動に変化が表れるということである（「第3章　学び続ける教師　2．授業の世界と可能性」参照）。従って、曖昧な言葉には説得力はない。どんなに言葉を重ねても、その言葉に気持ちが入っていなければ子どもの心には届かないし響かない。

「教職」は、子どもに発する言葉の一つひとつが問われる職業である。子どもたちは教師の一言で安心したり不安に思ったりもする。子どもたちの心に響くどんな言葉を発することができるのか、それも教師の力である。教師は自分の言葉、その一言ひとことを大切にしなければならない、ということである。

　以下に、言葉にまつわるエピソードをいくつか紹介する。

⑴「言葉は人生の道しるべ」

①「いつまでも忘れられない珠玉の言葉」

　教師が、日々の学習活動や部活動の中で、児童生徒を元気づけ励まそうとした言葉や、卒業や進学、就職等の門出に 餞 (はなむけ) として贈った言葉が、子どもの琴線に触れ、その後の人生の中で大きな影響を与えるということは決して稀 (まれ) なことではない。

　以前、ラジオ番組で、『いまでも忘れない、先生がくれたひとこと』というタイトルで、学校生活の様々な場面で教師が発した言葉を、年月を経ても忘れられない珠玉の言葉として、聴取者からの便りを紹介する人気番組があった。その中のいくつかを紹介する（右図参照）。

　先生からの珠玉の言葉は、いただいたそのときの情景と重なって思い出されるものである。

ありがとう、先生　TOKYO FM

・目標は人を動かし、言い訳は人をダメにする
高校を卒業したら、なりたい職業がありました。この言葉で目標があれば何をすべきか自ずと見えてくる、と励まされました。いまは、そのやりたい仕事で毎日充実しています。（岩手県「まんずるど」さん、60歳）

・今の自分は過去の自分が作ったもの。未来の自分は今から自分で作るもの
せっかく入った高校なのに目標も見つからず、息苦しい日々を過ごしていたときにいただいた言葉です。おかげで、このときから自分自身を変えることが出来ました。（大分県「憩いの広場」さん、46歳）

・「できる」と言った時点で自分の可能性が広がる。
生徒会でスピーチを頼まれたときに、先生からひとこと。おかげで自信がなくても挑戦しようと思えるようになりました。その後、留学することを決心し、いまは通訳の仕事をしています。（北海道「ぼえぼえ」さん、28歳）

・できない理由を探さない！できる方法を考えよう！
中学の部活の先生の言葉です。社会人になった今、言い訳をせず、できる方法を探す努力をしています。（宮城県「928」さん、45歳）

[参考・引用文献]

▪『ありがとう、先生！』TOKYO FM「ジブラルタ生命 Heart to Heart あ

170

りがとう、先生！」番組制作チーム、飯塚書店、2013

②「汝、何のためにそこに在りや」
　この言葉は、秋田県立秋田高等学校の第28代校長鈴木健次郎（1907〜
1970）が在職中、集会でよく生徒に問いかけていた言葉であり、鈴木校
長の後輩教師やその当時教え子であった人たちを通じて今日まで伝えら
れている。この言葉は、現在、実に多くの方（直接、鈴木校長を知らな
い方も含め、同窓生や在校生等）にとって、人生の様々な場面で「今、
私は何のために、誰のためにこの仕事（この勉強）をしているのか」、
「自分は、自立した人間として自覚的に生きているのか」、「自分は社会
のために役に立っているのか」等々と自問する大切な言葉の一つとなっ
ている。座右の銘として、人生の道しるべとしている社会人も多く、時
代を超えて語り継がれている言葉である。

　教師の言葉から夢や希望を与えられたり、勇気や元気、新たな気付き
をもらったり、人間として大切なことを教わったり……、教師の言葉が
子どもたちのその後の人生の推進力、エネルギーとなってそれぞれの人
生を創っていくことも少なくない。教職は言葉を通して生きる力を子ど
もたちに与え、伝えていく職業でもあるのである。

⑵「言葉は行動を変える」

　フランスの詩人アンドレ・ブルトンがニューヨークに住んでいた頃、
家からさほど遠くない街角で、いつも物乞いとすれ違った。首に下げた
札には『私は目が見えません』と書いてある。彼の前には施し用のアル
ミのお椀が置いてあるが通行人はみんな素通りしてお椀にコインはいつ
もほとんど入っていない。ある日、ブルトンはその下げ札の言葉を変え
てみたらどうかと勧めたのである。物乞いは「旦那のご随意に」と答え
る。そこでブルトンは新しい言葉を書いた。
　それからというもの、お椀にコインの雨が降り注ぎ、通行人たちは同

情の言葉をかけていくようになった。数日後、不思議に思った物乞い
は、「旦那、何と書いてくださったのですか」と尋ねた。詩人はこう答
えたのである。

　　『春はまもなくやってきます。
　　　でも、私はそれを見ることはできません』

[参考・引用文献]
▪ ナディーヌ・ロスチャイルド、伊藤緋紗子訳『ロスチャイルド家の上
　流マナーブック』光文社、1998

⑶「言葉は命を救う」

　私は小学生の頃、テレビ人形劇『ひょっこりひょうたん島』が大好き
だった。

　この人形劇にはいろいろなキャラクターが登場するが、その中で一
番好きだったのがドン・ガバチョであった（たしか彼は自分のことを、
「摂政・関白・太政大臣、藤原のドン・ガバチョ」と自己紹介してい
た）。

　私は人形劇の主題歌『ひょっこ
りひょうたん島』とドン・ガバ
チョが歌う『未来を信ずる歌』も
好きだった。その歌詞は右図であ
る。

> **未来を信ずる歌**
> やるぞレッツゴー みておれ ガバチョ
> あーやりゃこーなって あーなってこーなるでちょ
> 何が何でもやりぬくでちょ　頭のちょといいドンガバチョ
> ドンドンガバチョでドンガバチョ ホイ
>
> **今日がダメなら明日にしまちょ**
> **明日がダメなら明後日にしまちょ**
> **明後日がダメなら明々後日にしまちょ**
> **どこまで行っても明日がある ホイ**
>
> ちょいちょいちょーいのドンガバチョ ホイ
>
> 歌：ガバチョ(藤村有弘)
> 作詞：井上ひさし/山元護久　作曲：宇野誠一郎

「……今日がダメならあしたにし
まちょ。あしたがダメならあさっ
てにしまちょ。あさってがダメな
らしあさってにしまちょ。どこまで行っても明日がある　ホイ♪……」

　つまり、単に問題を先送りする歌詞なのである……。

　この人形劇の台本を書いたのは劇作家の井上ひさしである。彼は生
前、ある家族から手紙をもらったエピソードを語っている。その手紙

は、資金繰りが苦しくて一家心中を考えていた中小企業経営者が、決行前夜に『ひょっこりひょうたん島』をたまたま見て、そして、ドン・ガバチョの『**未来を信ずる歌**』をたまたま耳にしたおかげで一家心中を思いとどまった、という内容だったというのである。

　ドン・ガバチョの歌を聴いて、いかに苦しく困難な状況にあっても、未来への希望を捨てずに前向きに生きよう、現実の壁に直面しながらも懸命に努力しようとする前向きな姿を感じ取ることができたのだろうか。

　ガバチョの歌は、ただ単に問題を先送りする歌ではなかった！　ということである。

⑷「言葉を得て生まれるもの」

　能楽師の安田登によると、「**時間**」の概念や「**心**」という文字は紀元前千年頃に生まれたが、それ以前は時間の概念や心を部首とする漢字、例えば「悲」や「悩」は生まれていなかったため、こうした文字によって表現される感情も存在しなかった（自覚されなかった）という。「時間」の概念や「心」という文字の誕生は、未来に対する「不安」も生んだが、「明るい未来」を創造したり「豊かな情操」を育む力にもなったに違いない。

『夕焼けを見てもあまり美しいと思わなかったけれど、じをおぼえてほんとうにうつくしいと思うようになりました』この一文は、家が貧しくて学校へ行けなかった女性が、年をとってから識字学級で字を習い覚えて書いた手紙の一文である。「夕焼け」という文字や、「美しい」という文字を習い覚えて自分のものにしたことで、「ああ、夕焼けは美しい」という、しみじみとした思いを心に刻み文章にすることができるようになったのだと思う。

　心に感情が芽生え言葉が生まれるだけではなく、文字や言葉を得たから感情が生まれることもあるのである。

これも言葉の力である。

［参考・引用文献］
▪ 安田登『役に立つ古典』NHK 出版、2019

6.「信頼」と「尊敬」

「第1章　教職の世界　5．教職の魅力と適性」において、教師には、**公平・公正や勤勉、思いやりや誠実、慎み深さ（謙虚さ）**といった人格的特性が必要であり、これらは、教職に就いてから自然に身に付くものではなく、教職に就く前に身に付けているべきものである、と述べた。それは、教育が成り立つ前提として、教師に対する子どもや保護者の**「信頼」**が必要不可欠であるからである。そうした特性が身に付いていない教師に、子どもや保護者が「信頼」を寄せることは難しい。また逆に、教育にとって、子どもや保護者に対する教師の「信頼」もまた必要なことである。つまり、教師と子ども・保護者の相互の信頼が大切である。しかし、相互の信頼関係を築くことは容易なことではない。教師が意識的に信頼を作り出そうとしても信頼に結びつかないばかりでなく、かえって子どもや保護者に不信の念を抱かせることもある。

　子どもの教師への信頼は（**「尊敬」**も同様であるが）、子どもの成長・発達段階によって多様な形態をとる。例えば、小学校低学年では、無条件に素朴な信頼を教師に寄せることもあるが、中学生・高校生ともなれば、距離をとって、時間をかけて教師を冷静に、客観的にみて判断し、その結果、信頼を寄せたり時には尊敬したりもするものである。いずれにしても、教師と子どもの信頼関係は、相互の関係性の中で育つものであり、教師が一方的に信頼されることを意図した行動をとってもそう簡単にはいかない。しかし、教師自らが生徒に期待をかけたり信頼を寄せたりすることはできる。そして、生徒に対する教師の期待と信頼に応じて、生徒の中に教師に対する信頼の気持ちが芽生えるということもある。

　ドイツの教育哲学者 O. F. ボルノウは、教師に対する子どもの「尊敬」が教育を成功させるために必要であるとして、「(教師に対する子どもの)尊敬の感情は、尊敬する人(教師)の期待に応えたい、また、その人に認められたいという願望を子どものなかに目覚めさせる。それは、子ども自身を発憤努力せしめる力強い原動力であり、前進させる強い力を持っている」と述べている。

　教師には、教育を実り豊かなものにするためにも、子どもから信頼される教師、尊敬の感情を抱かせる教師をめざしての研鑽が大切である。

[参考・引用文献]
- O. F. ボルノウ、森昭・岡田渥美訳『教育を支えるもの』黎明書房、1989

7. 真剣に「叱る」

「怒る」と「叱る」が混同されて使われ、その違いが話題になることがある。

「怒る」は当人の感情的な爆発であり、「叱る」は主に目下の者に対して非礼や欠点をとがめる、戒めるという意味で使われる。叱る場合は「親が子を叱る」「教師が生徒を叱る」のように相手の将来のためにという教育的配慮が働いている。

　しかし、たとえ教育的配慮があったとしても、子どもにとって「叱られる」ことは気持ちのよいものではない。自分に非があったと認めても、叱られることは避けたい。一方「叱る」教師にとっても、「叱る」という行為は不快感を伴うエネルギーのいる行為であり、できれば叱らないようにしたいと思う。

　しかし、叱りもしなければ叱られもしないで、マアマア、ウヤムヤ(有耶無耶)と曖昧なままにしていたらどうなるだろうか。知らず知らずのうちに、双方とも「ものの見方や考え方」が甘くなって正しい判断ができなくなってしまうのではないだろうか。特に教師にとって、寛容

の名のもとで曖昧な指導をすることは許されないことであり、教育的で
はない。

　もちろん、叱る際には人権に対する配慮を欠いてはならないし、私情
にかられて「怒る」ことをしてもいけない。が、教師には、次の世代を
育てていく責任がある。教師にとって、真剣に叱るということは大事な
務めであり義務でもある。必要なときにきちんと真剣に叱ることができ
なければ、子どもたちからの信頼
も得られない。大部分の子どもた
ちは、むしろ大人（＝教師）の毅
然とした対応を期待しているので
ある（右図）。

　教師には、子どもに対して、
「叱る」べきときには「叱り」、
「褒める」べきときには「褒める」
ことで、礼儀と節度のある生き方
を教えることも求められているのである。

> 先生聞いて下さい。僕らの悩みを
> 　不平を、不満を
> 先生話して下さい。あなたの青春や
> 　夢や希望を
> 先生叱って下さい。僕らの過ちや
> 　サボリや反抗を
> 先生教えて下さい。分かるまで。
> 　そして、果てしない人生の辛さを、
> 　厳しさを
>
> 月刊「児童心理」から　（中学生の作品）

[参考・引用文献]
- 小林良夫「子どもの問題行動に気づける教師」『児童心理』1989 年 7
  月号、金子書房

8．「集団」と「個」

　工業化や機械化による物の生産を基盤とした産業社会（industrial
society）においては、一定の規格のもとで大量の商品が生まれ消費され
てきた。例えば、靴の生産でも、個々の特殊性に気を配ることは効率的
でないとされ、一人ひとりの足の大きさや特徴にあった靴を作ることは
少なかったのである。しかし、現在では多様性が重視され、靴の生産に
おいても個々の足にあったものが重宝される。違いに目が向けられるよ
うになってきている。

　教育においても、これまでは効率の名のもとに、画一的で均一化された指導が行われていた時代もあったが、近年は習熟度別指導や飛び入学、早期卒業などが行われるようになるなど、個に応じた指導が重視されるようになってきている。

　21世紀は、新しい知識・情報・技術が飛躍的に重要性を増す「知識基盤社会」である（「はじめに」＊1参照）。これまでの産業社会とは異なり、唯一絶対の「正解」ではなく、状況に応じた「最適解」を自ら、あるいは多様な他者と協働して生み出すことが求められる時代である。そうした社会では、一部のリーダーのみが価値の継承に関わるのではなく、社会を構成する一人ひとりがリーダーシップを発揮して価値を創造する役割を担っていかなければならないと考えられている。そのために、教育活動においてはこれまで以上に**集団における個の支援**に注力し、すべての子どもが将来リーダーシップを発揮することができるように必要な資質・能力を育てることが求められている。

　文部科学省は、これからの教育における個の支援に関して、「新たな時代に向けた学びの変革、取り組むべき施策」の中で、「『公正に個別最適化された学び』を実現する多様な学習の機会と場の提供」を掲げている*1。そして、児童生徒一人ひとりの能力や適性に応じた個別最適な学びの実現に向けて、児童生徒の個々人の学習傾向や活動状況、各教科・単元の特質等を踏まえた実践的な研究・開発を行うとしている。これからは、こうした施策の確実な実現を通して、効率的に一人ひとりの個性を伸ばし、必要とされる資質・能力をすべての児童生徒が身に付ける取り組みが行われることになるだろう*2（「第5章　コロナ禍の中での学びの保障とコロナ後の教育」参照）。

　しかし、個別最適な学びが孤立化しないために、また、異なる考えをもつ多様な人と共感的に関わる力を育てるためには、集団としての学びも大切にされなければならない。

　幼稚園や小学校、中学校、高等学校では、幼児・児童・生徒が学校生活の大半の時間を共に過ごす生活・学習の場として**「学級」**がある。子どもの属する学級集団は、子どもの学習へのモチベーションを高めた

り、対人関係形成能力やコミュニケーション能力、協調性や集団の中での自己の役割の自覚等を育てたりするなど、子どもの望ましい資質・能力を育む場所でもある。望ましい学級集団では、子ども同士の相互作用によって生み出される集団の活力（Group Dynamism）が、子ども一人ひとりを鍛え育てるエネルギーにもなるのである。

　特に現代の子どもたちは、多彩な生活環境の中で多様な生活経験を積んできている。そうした子どもたちで編成された多様な個の集団である学級を、互いに刺激し合い尊重し合う集団に育て、その中で一人ひとりが個性を発揮し、自分らしく活き活きと楽しんで学び合える学級にすることは、教師の大切な役割の一つでもある。学級づくりには、教師の働きかけや支援が欠かせないのである。このことに関して、教育学者である上田薫が次のように述べている。

「学級を集団として育て楽しくしようと思ったら、（子ども）ひとりひとりの心のひだの奥の奥まで味わいつくそうとすること、そのことが実を結んでこそ、クラスを楽しくすることが可能になる」。「学級を育てる鍵は『教師としての奥行、深さ』であり、すくなくとも、子どもの顔のしわを凝視せよと、わたしは言いたい。あの愛らしいすべすべとしたはだにも、鋭く見つめればしわはあるのである。そこまで子どもをとらえること、いや人間をとらえること」であると。

　いつの時代でも、教師には、児童生徒一人ひとりを深く理解する鋭い目と柔軟な心、そして学級集団の中で全体を俯瞰しながらリーダーシップを発揮し、個としての児童生徒一人ひとりを育てる確かな眼差しが必要なのである。

*1)「Society 5.0に向けた人材育成〜社会が変わる、学びが変わる〜」（平成30年6月5日）Society 5.0に向けた人材育成に係る大臣懇談会、新たな時代を豊かに生きる力の育成に関する省内タスクフォース。

*2) EdTech（エドテック）を活用し、個人の学習状況等のスタディ・ログ（医療で用いるカルテのように、個人の学習内容を蓄積していく

もの）を学びのポートフォリオとして電子化して蓄積し、指導と評
価の一体化を加速するとともに、児童生徒が自ら活用できるように
することが計画されている。

*EdTech（エドテック）とは、Education（教育）と Technology（テ
クノロジー）を組み合わせた造語。テクノロジーの力を使い、教
育にイノベーションを起こすサービス領域をいう。欧米の一流大
学を中心としたオンラインで講義を受けられる MOOC（Massive
Open Online Course）は EdTech の火付け役といわれている（第 5 章
参照）。

[参考・引用文献]

▪ 上田薫『個を育てる力』黎明書房、1992

第7章

教育を支えるもの
― 教職をめざす皆さんに期待すること ―

　21世紀は、新しい知識や情報、技術が、社会のあらゆる領域での活動の基盤として飛躍的に重要性を増す時代である。特に ICT や AI 等の科学技術が格段に進歩して、今ある職業が数年後には無くなり新たな職業が生まれるという社会に私たちは生きている[*1]。

　こうした変化の激しい社会の中で、近い将来、「教職」が無くなる確率は低いとされているものの[*2]、教師の果たす役割は確実にこれまでとは異なったものになるだろう。その変化を、教育学者の佐藤学は、「19世紀型の学校から21世紀型の学校への変容が起こり、学校教育システムが教師の授業を中心とするシステムから、子どもの学びを中心とするシステムに変化するなどして、教師の専門家像が『教える専門家』から『学びの専門家』[*3]へシフトしている」と述べている。

　教師には、児童生徒一人ひとりの学びに寄り添いながら個々の児童生徒に即した学びをデザインし、生涯にわたって自立した学び手になるような基盤を育てる支援が求められている。「学び続ける教師像」については前述したが、教師は自ら学び続ける中で、『学びの専門家』として児童生徒の主体的な学びを促し、「生きる力」(「第3章　学び続ける教師」参照)を育てる専門職としての力量を発揮しなければならない。

　本章では、教職に関心をもっている、あるいは教職をめざしている、あるいは現在教職に就いて活躍している若い皆さんに、筆者の経験や学びの根底にあるものについての省察を通して、『学びの専門家』になるために必要な資質・能力とは如何なるものかについて考察する。

[*1]　■ キャシー・デビッドソン(米：デューク大学、現在はニューヨーク市立大学)
　　　　2011年に小学校に入学した子どもたちの65％は、大学卒業後、今は存在していない職業に就くとの研究成果を発表(2011)

- マイケル・A・オズボーン（英：オックスフォード大学）「雇用の未来 ― コンピューター化によって仕事は失われるのか ―」2013
- 新井紀子（国立情報学研究所）『コンピュータが仕事を奪う』日本経済新聞出版社、2010
- 世界経済フォーラム「仕事の未来レポート2020」2020

*2) 野村総合研究所が2015年、日本の601種類の職業ごとにコンピューター技術による代替確率を試算し、10〜20年後に日本の労働人口の約49％が人工知能やロボット等で代替可能になることを公表した。その中で学校教員は代替可能性が低いとされた。

*3) 佐藤は『学びの専門家』という教師像には二つの意味があるとしている。
　一つは、学校教育システムが、教師の授業を中心とするシステムから子どもの学びを中心とするシステムへの変化に伴って、教師の専門職性が「子どもの学びのデザインとリフレクション（省察）を中心とするもの」へ変化していること。もう一つは、教師の職域における専門的知識（カリキュラム、教育内容、授業と学びの様式等）のすべてが高度化し、複合化し、流動化していることに伴い、教師は生涯学び続けることなしには職務を遂行できなくなり、「生涯にわたって学び続ける教師」という専門家像が形成されていることである。

[参考・引用文献]
- 佐藤学『専門家として教師を育てる ― 教師教育改革のグランドデザイン ―』岩波書店、2015

1．学びの基本　―教育専門職として―

　教育においては、"教えるもの"と"教わるもの（学ぶもの）"との相互の信頼と尊敬の関係が必要不可欠である（「第6章　教職の特殊性　6.『信頼』と『尊敬』」参照）。特に、教育の場で信頼と尊敬の念を醸成するものは、"教えるもの"としての教師の、真摯で誠実に学び続ける姿勢である。

　アメリカ・スタンフォード大学名誉教授で、著名な数学者でもあったG. ポリアは、数学を学ぶ上で必要な道徳的資質として、「**知的誠実**」と「**知的勇気**」、そして「**賢明なる自制心**」が大切であると述べている＊1。「**知的誠実**」とは、効率を追求して表面的な理解に止まるのではなく、苦しみながらも心から納得・理解するということ。「**知的勇気**」とは、自分の確固とした信念であっても必要があれば修正しなければならないということ。「**賢明なる自制心**」とは、流行に流されることなく自らの信念に従って行動するということである。
　「知的誠実」「知的勇気」、そして「賢明なる自制心」、こうした資質は、数学を学ぶ上で必要な資質というだけではなく、すべての学びの基本となる資質でもある。
　「**教えるとは希望を語ること。学ぶとは誠実を胸に刻むこと**」＊2というルイ・アラゴン（仏詩人）の言葉がある。「希望を語る」とは未来を語ることであり、「誠実」とは慎み深く他者の意見に耳を傾けるなど、学ぶことに対して謙虚になるということを意味している。彼の言葉はG. ポリアの言葉と重なるところがある。
　学ぶことに対する誠実な姿勢は、学ぶ過程の大切さを語る。知識や技術を身に付けることは学びの結果であり、もちろん大事なことではあるが、如何に学ぶかといった学びの過程もまた大切である。また、学んだ結果を課題解決に活かすことで、更に質の高い学びに発展させる、ということも重要なことである。
　「第6章　教職の特殊性　4．目的と手段、結果と過程」の中で、教師

の指導はプロの仕事として結果が問われると述べたが、「学ぶこと」においては、結果だけではなく学び方や学ぶ過程もまた重要なことなのである。

　教師の責務は、子どもの未来に対して責任をもつことである。変化の激しいこれからの社会の中で生きていく子どもたちに、自ら主体的に知識や技能を獲得し課題解決のために活用するなどの体験を通して、心豊かに逞しく生きていく力、新たな知を創造していく力を身に付けなければならない。そのため教師には、自らの内にある「誠実さ」や「勇気」、「自制心」等を示しながら、児童生徒が必要な資質・能力、態度を身に

付け、更に質の高い学びが得られるように指導することが求められている（右図）。

　ルイ・アラゴンのいう「希望を語ること」は未来を語ることでもあるが、教師の仕事は、「未来」を予測し、それを語り、その未来社会を逞しく創造していく力を子どもたちに育てることなのである。

社会の変化 とこれからの 教育

「教育（子どもを教え育てること）」は
　　　人材育成を通して未来をつくる仕事

・教師は未来社会を予測し、子どもたちが逞しく生きていくために必要な資質・能力を育てる

・子どもたちが自分で知識を発見し、活用し、新たな知識を創り出す力を育てる

知識の再生産　⇒　知識の活用・創造！

　教師としての責任を果たすためには、教科指導はもちろん、あらゆる教育活動の中で「なぜ今、これを学ぶ（指導する）のか」「児童生徒のこれからの人生、これからの社会に必要な力とは何か」ということを、**不易と流行**を常に意識しながら指導していくことが欠かせない。

＊1）G.ポリア、柿内賢信訳『いかにして問題をとくか　HOW TO SOLVE IT』丸善株式会社、1975

＊2）ルイ・アラゴン、大島博光訳『フランスの起床ラッパ』新日本出版社、1980

2. ゆるぎない信念　―教育的愛情と使命感―

最初に、エピソードを紹介する。

①『思考の整理学』（外山滋比古著）は今でも特に大学生によく読まれているベストセラーである *1。その本の中で、外山は「日本へ来たばかりのアメリカ人から、『日本人は二言目には、I think ...というが、そんなに思索的なのか』と質問されて、面食らったことがある」と述べている。そして、確かに日本語で話をするとき、たえず『……と思います』という言い方をするが、日本人にとっては『AはBである』と断定するのは露わ過ぎてためらわれ、『AはBだと思います』、『AはBではないでしょうか』と包み込むような表現になるのであると述べている。そして、そうした心理が英語を話す時にも持ち込まれて、『A is B.』とはできずに、『I think A is B.』という表現になるのであり、決して思索的なのではないと続けている。

②朝日新聞論説主幹であった笠信太郎は、自著『ものの見方について』の冒頭で、「イギリス人は歩きながら考える。フランス人は考えた後で走り出す。そしてスペイン人は、走ってしまった後で考える」と言ったスペインの外交官マドリヤーガの言葉を紹介している。この本は、国民性を明快に分類、定義したことでベストセラーになった。
　　ところで、日本人はどうするのだろうか。日本人の国民性を表すとすれば、「日本人は他の人が歩いているかを確認してから歩き出す」ということになるのだろうか。

③ノンフィクション作家早坂隆の『世界の日本人ジョーク集』の中に、次のような話（ジョーク）がある。
　　ある豪華客船が航海の最中に沈み始めた。船長は乗客たちに速

やかに船から脱出して海に飛び込むように指示しなければならなかった。そのとき船長は、アメリカ人には『飛び込めばあなたは英雄ですよ』、英国人には『飛び込めばあなたは紳士です』と言い、ドイツ人には『飛び込むのがこの船の規則となっています』と言った。そして日本人には『……』と言ったというのです。さて、日本人にはどう言ったのでしょうか？

日本人にはこう言ったのです。『みんな飛び込んでますよ』

④最後は、室町時代の臨済宗の禅僧一休宗純（いわゆる一休さん）に関する逸話である。

　彼の庵の庭に、曲がりくねった風情のある松があった。あるとき、一休さんが弟子たちに向かって、「**誰か、あの松をまっすぐと見るものがあるか**」と尋ねた。一同、顔を見合わせて答えることができない。どう見ても曲がりくねっている。弟子の中には、いろんな角度から眺めようと場所を変えて見る者もあった、が、やはり曲がって見える。だから、誰一人何と答えたらいいかわからなかった。

曲がった松（一休宗純の教え）

　ある時、一休さんの友人蜷川新右衛門（一説には浄土真宗の中興の祖といわれる蓮如上人という説もある）がやってきた。一休さんが新右衛門に同じ質問をすると、しばらく考えていたが、彼は「ようやくのことでわかりました」という。

　一休さんが「どう曲がった松を見たのか」と聞くと、「曲がっていると見ました」。そこで一休は手を打って、「そのとおりだ」と言い、一同に向かって、「曲がったものを曲がったと見るのが、すなわちまっすぐなものの見方なのだ。もし、曲がったものを

まっすぐと見たものがあったならば、それこそ真実曲がっている
のだ。臆せず答えたところが、いかにも新右衛門だ」。
　　曲がったものを曲がったといい、悪を悪とし、善を善とするな
らば、ほとんどいざこざは起こらない。いろいろ歪曲してはなら
ない。これが禅の教えでもあるのだ、と。

　「OECD 学びの羅針盤2030」では、2030年という近未来において
求められる資質・能力（コンピテンシー）の中核となる概念として
「Student Agency」を掲げ、他人の判断や選択に左右されるということな
く、**責任をもって自分自身で判断し選択していく力**がよりよい社会を創
る主体となるうえで必要であるとしている（「第4章　未来を生きる子
どもたちのために」参照）。
　将来、社会の主体となって活躍する子どもを教育する者にとって、あ
やふやな姿勢、責任のない態度を取ることは許されない行為である。教
師は自らの教育的信念に従い毅然とした態度で教育にあたらなければな
らない。それが教育的愛情であり、教育的使命を果たすということであ
る。もちろん、確固とした信念であっても必要があれば修正しなければ
ならないことは前述したとおりである（「１.学びの基本」参照）。しか
し、事に及んでぶれない判断をすることは容易なことではない。特に経
験の少ない事柄に関しては、判断することに自信をもてず及び腰になっ
てしまいがちである。しかし、決断すべき時には決然と決断し前に進ま
なければならない。場合によっては、できないことはできないとして、
上司や先輩からアドバイスをいただくことも必要である。
　しかし、自分一人で決断しなければならない時は必ずやってくる。そ
してそれはいつやってくるか分からない。そのときになって慌てること
なく、そのときに常時備えて、日頃、あらゆる事から学び取る謙虚な姿
勢で研鑽を重ねることが大切なのである。

*1) 英文学者で評論家の外山滋比古の『思考の整理学』は、1986年の文
　　庫版刊行から30年で累計発行部数が200万部を突破し、現在（2020

年）でも大学生協の文庫販売ランキングの上位を占めている。

［参考・引用文献］
- 外山滋比古『思考の整理学』筑摩書房、1986
- 笠信太郎『ものの見方について』朝日新聞出版、1987
- 早坂隆『世界の日本人ジョーク集』中央公論新社、2006
- 安藤英男『一休　逸話でつづる生涯』鈴木出版、1985

３. 教育を支えるもの　―生徒の心に火を灯す教師をめざして―

「生徒の心に火を灯す」（右図）。この言葉は、教育の世界ではよく知られている言葉である。生徒の心に火を灯す「偉大な教師」というのは、間違いなく、教育的信念をもった教師である。

```
William Arthur Ward
The mediocre teacher tells.
The good teacher explains.
The superior teacher demonstrates.
The great teacher inspires.

ウィリアム・アーサー・ワード
凡庸な教師はただしゃべる
良い教師は説明する
優れた教師は自らやってみせる
しかし、偉大な教師は心に火を灯す
```

　生徒の心に火を灯すほど偉大でなくても、たとえ迷いながらでも、自分なりの信念をもって行動することはとても大切なことである。

　確たる信念をもたないで、人の言葉や態度に惑わされるようでは、人から信頼されることはない。

　ドイツの著名な教育哲学者 O. F. ボルノウは、次のように述べている。「子どもは、先生の知識や専門的能力に対する崇拝、先生の品性の堅固さに対する敬意、否それ以上に先生の人間の偉大さに対する尊敬の念をもちたがっている。単に、伝授される知識を教師がたくさんもっているという事実だけでなく、更に自分の理解力をはるかに越えている教師の知識の広さに対する子どもの信頼が、教師から進んで学ぼうとする子どもの気持ちを本質的に支えているのである。」、そして「第6章　教職の

特殊性」でも述べたように、「尊敬の感情は、尊敬する人の期待に応え
たい、また、その人に認められたいという願望を子どものなかに目覚め
させる。それは、子ども自身を発憤努力せしめる力強い原動力であり、
前進させる強い力をもっている」と。

　教師への信頼や尊敬の念と、教師の期待に応えたいという願望が子ど
もの心に芽生えるならば、始めは外面的、表面的に受け入れていた教師
の指導や助言であっても、次第に子どもの心の深いところで実感や納得
を伴って内面的な育ちに結びつき豊かな実りとなっていくに違いない。
　また、教師は子どもの可能性を信じ、期待し、子どもを信頼して育て
ることも大切である。ボルノウは言う。「子どもはじぶんの諸能力を、
それによって為しうるぎりぎりの限界まで試そうとする自然な願望を
もっている。もしも教育者が、いつもいつも子どもを彼の諸能力の限界
まで導くことをせず、最後の厳しさを彼に要求しないならば、柔弱な子
どもを育てることになろう」と。
　教師は子どもに対して適切な高さの要求水準をもたなければならな
い。そして、何事においても（例えば、勉強でもスポーツでも）、子ど
もの可能性を信じ励まし続ける、そして時には「待つ」ことも大切であ
る。
　励ましの言葉はどんな言葉でもよい。
「全力を尽くすことが自分を高める唯一の方法だ。現在の自分の限界に
挑戦し続けることで、その限界はもはや限界ではなくなるのだ」と。

［参考・引用文献］
▪ O. F. ボルノウ、森昭・岡田渥美訳『教育を支えるもの』黎明書房、
　1989

4. 学ぶことへの貪欲な姿勢　―「今の自分」から「将来なりたい自分」へ―

「今の自分」と「将来なりたい自分」。それらをつなぐのが**学校での学び**である。すなわち高校での学習であり、大学での学修なのである。もちろん、社会人になっても（学校を卒業しても）、学びは一生続いていく。意志があれば学ぶ機会は至る所にあり、学ぶことに終わりはない。様々な機会を捉えて、なりたい自分になるために必要な力、「学力」や「人間力」、つまり、必要な「資質・能力」を身に付けてもらいたい。

「夢の実現」ということに関して、ある作家は次のように言っている。

「たとえば、パイロットになりたい、という『**明確な夢**』をもち、『**自律した生活**』を送り、『**具体的な努力**』をした人がパイロットになれないわけがない。もし、もしもパイロットになりたいという夢をもっていた人がパイロットになれなかったとしたら、それは、『自分をよく知らなかった』か、『パイロットになるための方法に間違いがあった』か、あるいは、『パイロットになるための努力がまだ足りなかった』かのいずれかである」と。

　自分をよく知り、「学力」を高め、「人間力」を磨き、より高いレベルの「資質・能力」を身に付け、単に志望する職業（＝教師）に就くだけではなく、児童生徒の心に火を灯す教師をめざして、子どもとともに未来を創る力を蓄えてもらいたい。

　学ぶことへの貪欲な姿勢が未来を創っていくのである。

第Ⅲ部　高い学力を支える
　　　　秋田県教育の特徴

　第Ⅲ部では、戦後、1956（昭和31）年から1966（昭和41）年まで行われた「全国学力調査」と2007（平成19）年から行われている「全国学力・学習状況調査」の結果を中心に、戦後の秋田県教育史を概観しながら、昭和、平成、令和の時代を貫く秋田県の教育指導理念と教育施策について考察し、秋田県教育の特徴について論ずる。

　秋田県の教育の特徴を端的に言えば、「教室文化」にある。その文化を生み育てたのは、多くの教員の長年にわたる継続した指導、一定の共通した教育観、学力観、児童生徒観、教科観等に基づく粘り強い指導にある。

　教室の中では、教師が授業等において何を大切にして指導をするのか、児童生徒にどうあって欲しいと願っているのか、めざす児童生徒像はどのようなものか、身に付けさせたい学力は何か、といったことが、教師の言動を通して随所に具体的な形で表れる。例えば、実際の秋田県内の教室、特に授業の中で表れる教師による教育指導の主な特徴には、「学習意欲の喚起・向上のための工夫」や「知識の習得を基盤とした活用の重視」、「言語活動及び教え合いや学び合いの充実」、「授業規律の重視」などがある。

　具体的には次のような場面である。

　①授業導入時の適時適切な場面で、児童生徒の興味をそそるように具体的な授業目標（学習課題やめあて）を示す［問題解決への意欲を高める］②児童生徒のつぶやきも含めた疑問を取り上げる［素朴な疑問でもそこに学びの本質があると考える］③授業の中に教え合い、学び合いの時間を組み入れる［学び合いを通して個々の児童生徒とともに集団を育てる］④『記憶して覚える学び』から『理解して納得する学び』を重視する［活用できる知識の習得をめざす］⑤学習を振り返って、理解したことや理解できなかったこと等を説明させる［言語化を通して次の学習課題を意識させる］⑥児童生徒の間違いを決して否定しない［間違いや失敗からも多くを学ばせる］⑦正解を導き出しても、他の方法や異なる考え方はないかと考えさせる［多様な見方や考え方に触れ、成功体験を更に高いレベルに引き上げる］⑧身に付けた知識がどんな場面で活用で

きるかを考えさせる、あるいは活用場面を授業の中に設定する［『活きた知識』の定着をめざす］⑨友達の話には静かに耳を傾けるなどのマナーやルールを徹底し、違反した場合は毅然とした態度を示し守らせる［社会性や道徳性、学ぶ態度を身に付ける］等々。

　こうした教師の指導は、児童生徒の中に、暗黙のうちに、学習において大切なことは何かという学習観を身に付けさせ、学力はもとより、児童生徒の自己効力感や学習の自己調整能力を高める上でも好意的な影響を与える。そして、学びの場を居心地のよいものと感じさせることによって、次なる高いレベルの課題解決に向かっていく力を育てるのである。このような、教師のリーダーシップによって創り出される「教室文化」が、秋田県教育の財産の一つになっている。

　以下の「第8章」及び「第9章」では、全国学力調査結果を中心に秋田県教育の戦後教育を振り返るとともに、秋田県教育を支える教育施策を中心に、その特徴等について具体的に考察する。

<table>
<tr><td>第8章</td><td>

戦後秋田県教育史概観
—「全国学力調査」にみる秋田県教育の特徴（昭和から平成・令和の時代へ）—
</td></tr>
</table>

　本章では、学力の全国調査を中心に、秋田県の学力実態とその分析、背景・要因について考察する。

　2007（平成19）年に始まった「全国学力・学習状況調査」では、秋田県の児童生徒は2019（令和元）年まで常に全国トップクラスの成績を収めている（2020〈令和２〉年はコロナ禍のため実施せず）。その要因については、様々な研究者、教育関係者が考察しているが、本章では学力調査と同時に実施された「学習状況調査」の「児童生徒質問紙調査」及び「学校質問紙調査」の中の児童生徒の生活習慣や学習習慣、学校の教育活動等の項目に焦点を当てて考察する。

　また、秋田県の児童生徒の学力は、昔（昭和の時代）から全国上位の成績だったのだろうか。本章では、昭和30年代に行われた「全国学力調査」における当時の秋田県児童生徒の学力の実態とその分析、そして学力向上のための指導理念等についても若干の考察を試みる。

1．2007（平成19）年の衝撃?!

　2007（平成19）年10月24日、文部科学省から「全国学力・学習状況調査」の結果が公表された。半年前の４月24日に、全国の小学校６年生と中学校３年生を対象に43年ぶりに実施した悉皆調査の公表である。

　翌10月25日の地元地方新聞朝刊の見出しは、"「本県学力トップ

級」、「小6、中3とも好成績」、「まさかトップとは」、「子どもと現場の教員の自信になる」（『秋田魁新聞』）、全国紙の新聞朝刊でも、"「びっくり」、「本当？」、「どうして？"」と驚きを隠さない見出しが並んだ。秋田県の児童生徒が全国上位の成績を収めたことが、秋田県内はもとより全国を驚かせたのである（前頁図）。

　文部科学省の発表では、国語・算数（数学）の総合点の比較では秋田県の小学校6年生は全国第1位、中学校3年生は第3位という好成績であった（下図左及び右）。

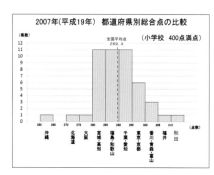

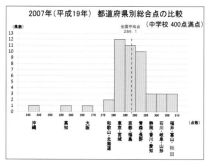

　翌年の2008（平成20）年4月には、東京都内を走る電車の中に、『秋田に学べ。』というキャッチコピーが掲載された広告（大手学習塾）が登場した。広告には、「全国学力テストで第1位（6年生）の秋田県。少人数制の授業、早寝早起き、予習復習は自宅でしっかり。好成績を生んだ秋田の子どもたちの生活習慣に学びたいものです。」とあった（右図）。

「全国学力・学習状況調査」開始から10年以上を経て、秋田県の児童生徒はこれまで実施した12回の全国調査で連続してトップ級の成績を

2007(平成19)年度 第1回全国学力・学習状況調査（秋田県順位）						
	合計	国語A	国語B	国語計	算数A 数学A	算数B 数学B	算数計 数学計
小学校6年生	1位	1位 88.1(+4.4)	1位 69.0(+7.0)	1位	1位 88.4(+6.3)	1位 68.6(+5.0)	1位
中学校3年生	3位	1位 85.4(+3.8)	2位 77.0(+5.0)	2位	2位 77.5(+5.6)	3位 65.3(+4.7)	3位

- 国語、算数・数学とも、A問題（知識技能）とB問題（活用）がある
- 全国順位及び各教科の平均正答率、（ ）内は全国比
- 中学校の合計1位は福井県、2位は富山県

2019(平成31)年度 第12回全国学力・学習状況調査（秋田県順位）			
	合計	国語	算数・数学	英語
小学校6年生	1位	1位 74(+10)	2位 70(+3)	
中学校3年生	2位	1位 78(+5)	2位 65(+5)	7位 57(+1)

- 2019年度からA問題（知識技能）とB問題（活用）を統一して出題
- 全国順位及び各教科の平均正答率（但し、小数点以下四捨五入）、（ ）内は全国比
- 小学校の合計同列1位は石川県、算数1位は石川県
- 中学校の合計1位は福井県、数学1位は福井県、英語1位は福井県

収めている。秋田の児童生徒の学力は本物であるとマスコミ等でも報じられるようになった。

（上図は第1回と第12回の合計点の全国順位及び各教科平均点とその全国順位である。調査開始から2020年までに2回の中止がある［2011年は東日本大震災のため、2020年は新型コロナウイルスの感染拡大防止のために中止された］）

しかし、半世紀以上前の1956（昭和31）年、日本で初めて行われた全国の児童生徒対象の「全国学力調査」（抽出調査）では、秋田県の成績は散々な結果であった。

2.「全国学力調査」(昭和)にみる秋田県教育の特徴

⑴ 実施目的と実施年度及び調査対象

戦後、学制改革による新しい教育が行われ、その評価として児童生徒の学力が論議されるようになった。しかし、それは必ずしも科学的な根拠に基づいたものではなかった。そこで文部省は、全国的な規模で学力の実態を示す資料を整備することを目的として「全国学力調査」を実施することになった*1。
「全国学力調査」は1956（昭和31）年度から始まる。ただし、当初は

悉皆ではなく抽出調査であった。小学校は6年生を対象に国語と算数について行われ、中学校及び高等学校は3年生（定時制は4年生）を対象に国語と数学について行われた。1956（昭和31）年度は小学校は5％、中学校は4～5％、高等学校は10％の抽出調査であった。1957（昭和32）年度は小中学校とも社会科と理科、1958（昭和33）年度は小学校では音楽・図画工作・家庭、中学校では英語・職業家庭をもって教科を一巡した。1959（昭和34）年度からは改訂学習指導要領に準拠し改めて実施された。

　1961（昭和36）年度から1964（昭和39）年度までの4年間は、中学校は2、3年の全生徒を対象に国語、社会、数学、理科、英語の5教科のテストを一斉に行っている（悉皆調査）。一方、小学校はこの期間、5、6年生を対象に国語・算数（1963〈昭和38〉年度は理科、社会）について50％の抽出で行われ、高等学校は依然として10％の抽出調査であった。

「全国学力調査」が行われた1956（昭和31）年度から1966（昭和41）年度までの対象学年及び実施教科、抽出割合は右図の通りである。ただし、調査の時の抽出の割合は、例えば小学校では4～5％、1965（昭和40）年度以降は20％等

「全国学力調査」実施年度及び対象学年		
実施年度	対象（教科）[小:小学校、中:中学校、高:高等学校]	備考（抽出割合）
1956(S31)	小6(国・算)、中3(国・数)、高3・4(国・数)	抽出4～5%
1957(S32)	小6(社・理)、中3(社・理)、高3・4(社・理)	抽出4～5%
1958(S33)	小6(音・図・家)、中2(職・家)・3(英)、高3・4(英・体)	抽出4～5%
1959(S34)	小6(国・算)、中3(国・数)、高3・4(国・数)	抽出4～5%
1960(S35)	小6(社・理)、中2・3(社・理)、高3・4(社・理)	抽出4～5%
1961(S36)	小5・6(国・算)、中2・3(国・社・数・理・英)、高3・4(英)	中学校は悉皆
1962(S37)	小5・6(国・算)、中2・3(国・社・数・理・英)、高3・4(数)	中学校は悉皆
1963(S38)	小6(理・社)、中2・3(国・社・数・理・英)	中学校は悉皆
1964(S39)	小5・6(国・算)、中2・3(国・社・数・理・英)	中学校は悉皆
1965(S40)	小6(社・理)、中3(国・社・数・理・英)	抽出20%
1966(S41)	小6(国・算・音)、中2(国・数)、中3(国・数・技家)	抽出20%

(注) 高校は全て約10%の抽出で実施、高4とは定時制課程4年生

となっているが、自発的に参加する「希望校」を募って行われたため、1962（昭和37）年度以降の参加率は90％を超え実質的に全国の多くの小学校が参加するようになっていた。

　調査実施後の結果公表では、「全国平均点」や「問題別正答率」、「標準偏差」、「個人得点分布」、「学校平均点分布」の他に、「地域類型別（鉱業市街、工業市街、商業市街、住宅市街、その他の市街、漁村、山

村、純農村他）の得点分布」の詳細な分析結果が示されている。

⑵ 秋田県の「全国学力調査」結果とその分析及び学力向上のための取り組み

　秋田県の学校教育において、昭和30年代は学力向上が最重要課題とされた時代であった。

「全国学力調査」が実施される 1 年前、1955（昭和30）年 1 月29日、秋田県教育委員会は小学校12校、中学校 7 校において学力検査を実施し、その結果分析において特に実験的知識の低さが目立つことを指摘している。同年 4 月21日発行の『学校教育指導の手引き』において、全県の小・中学校に対して学力の向上に積極的に取り組むよう指示し、その方策を示した。

　その翌年、1956（昭和31）年 9 月28日、児童・生徒の学力水準を把握するため、文部省が全国の小・中・高等学校の最終学年の国語、算数・数学について、抽出による「全国学力検査」を実施したのである。秋田県では小学校 6 年生と中学校 3 年生の 4 ％、高等学校では高校 3 年生及び定時制 4 年生の20％が抽出調査の対象となり、その学校数は82校であった。その結果については、秋田県教育委員会から「国語、算数・数学ともに、全日制高校を除き全国的にみてかなり低位に位置し、全国都道府県の最下位グループに属する」と公表された。

　二教科共に全国的にみてかなり低いものであったことにかんがみ、秋田県教育研究所は、全県の小・中学校に対して学力向上対策に関するアンケート調査を実施して、その結果を『学力向上対策の調査結果について』として冊子にまとめている。その中で、学力向上を阻害している要因として次の 6 点を挙げている。

　　①教員の雑務が多いこと
　　②行事が多いこと
　　③家庭が無関心であること

④家庭の手伝いのため学習時間が不足であること

⑤特別教室がないこと

⑥学級あたりの児童・生徒数が多いこと

秋田県教育委員会は、この調査結果を踏まえ、県財政再建中の厳しい予算状況の中で教育環境の整備に努めるとともに、『学校教育指導の手引き』を作成して学習指導の改善に努めている。

更に1959（昭和34）年度には、「学力向上に関する検討委員会」を設置するとともに、「基礎学力を高めるための要素表」及び「学力向上試案」などを提示して、学習指導の改善に努めた。

秋田県教育研究所は、学力不振の要因を以下の①～⑧であると分析している（1959〈昭和34〉年）。

①農山村が多く人口が希薄で民度が比較的低い

②僻地が多く、積雪寒冷地帯である（右図上参照）

③県民所得が低い（右図下参照）

④小規模学校や単級・複式学級が多い

⑤定時制高校（分校）が多い

学力調査順位（昭和37年度中学校3年）と僻地率%（昭和33年）との相関

僻地率 \ 学力	46~50	41~45	36~40	31~35	26~30	21~25	16~20	11~15	6~10	1~5
1~5				香川	福井	富山			東京	大阪
6~10					岐阜		岡山愛知兵庫長野			
11~15			愛媛	奈良		石川		山口	静岡	
16~20			徳島			滋賀	島根	広島		神奈川
21~25			鳥取		三重			福岡栃木		埼玉
26~30		和歌山		大分	山梨	京都				千葉
31~35		長崎		新潟	熊本			宮城	佐賀	
36~40			鹿児島宮崎	秋田				群馬		茨城
41~45	北海道高知・青森				山形			福島		
46		岩手								

＊「僻地率%」は僻地学校がそれぞれの都道府県の何%を占めるかを示し、「学力の1～46」は成績の順位である。

学力調査順位（昭和36年度中学校3年）と県民所得（昭和35年）との相関

所得 \ 学力	10	9	8	7	6	5	4	3	2	1
1~5					長野		香川		富山	東京大阪
6~10					岡山岐阜	福井				兵庫愛知
11~15							奈良	滋賀	石川福岡・静岡	
16~20				徳島			三重	山口広島		神奈川
21~25			島根		愛媛	和歌山	千葉	埼玉		
26~30			鳥取佐賀		栃木	山梨		京都		
31~35			大分長崎	群馬	山形	新潟				
36~40	鹿児島	宮崎		茨城	宮城					
41~45			秋田青森		福島高知				北海道	
46			岩手							

＊ 1～10 は所得の順位

⑥冬期分校が多い

⑦施設設備が貧弱である

⑧助教諭が比較的多い

　こうした分析のもと、秋田県教育委員会は、「農村教育の振興」を重点方針として打ち出し、国の政策と相俟って、教員定数や施設設備、人事交流等の行政施策の改善を図ることとした。そして「学力向上に関する検討委員会」を中心に、秋田県教育研究所等と一体となって学力向上に向けた取り組みに着手したのである。

　更に、秋田県教育研究所は、学習指導の手引き書「学力を高めるために」（後述）を発行するなどして指導行政の充実に特段の努力を払い、学力の向上に努めた。

　1961（昭和36）年度の「全国学力調査」では、中学校が悉皆調査になったが、秋田県の中学生の学力は依然として不振（全国総合順位42位）であり、昭和31年、32年度の抽出調査当時と同様、各教科とも最下位グループに属した（国語39位、社会41位、数学40位、理科41位、英語32位）。各領域で全国平均を上回ったものは英語の「アクセント読み」だけであり、数学全領域及び英語の「書く領域」は著しく低かった。秋田県は全域的に不振であっ

たが、地域的にみると特に県の大半を占める山村や農山村地域の学力が低かった（結局、秋田県内の学力の地域差は最後の悉皆調査となった1964〈昭和39〉年度まで改善することはできなかった〈右図参照〉）＊2。

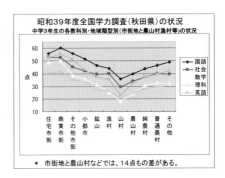

昭和39年度全国学力調査（秋田県）の状況
中学3年生の各教科別・地域類型別（市街地と農山村漁村等）の状況

＊　市街地と農山村などでは、14点もの差がある。

　翌年、1962（昭和37）年度の「全国学力調査」においても、本県の学力は全国に比べて依然として低位にあったものの、前回不振の領域についてはほぼ是正されており、「努力のいかんによっては、学力向上の期待がもてる」という分析がな

された。

　1963（昭和38）年度の調査においても全体としては不振であったものの、その原因の分析及び学力向上対策が講じられたことによってようやく上昇のきざしがみえはじめ、教科によっては全国水準を上回るものも出てきた。

　この機会をとらえて、秋田県教育研究所は1956（昭和31）年以降1963（昭和38）年までの全国一斉学力調査の結果を詳細に分析し、1963（昭和38）年度に学力の不振要因の克服と学力向上のための方法に関する資料『**学力を高めるために**』（第Ⅰ集）を作成し県内各校に配布した。その後、1964（昭和39）年度に第Ⅱ集を、1965（昭和40）年度に第Ⅲ集を発行している。

　第Ⅱ集、第Ⅲ集では、学力の内実を明らかにして、どのような学力をどのようにして高めるのかを示し、学習指導の効率化を図る方法等について各教科ごとに検討している。

　1964（昭和39）年度の「全国学力調査」は、小学校は5、6年生の国語、算数（抽出20％）、中学校は前回と同じく2・3年生を対象に5教科で実施されたが、秋田県の平均点は全国平均にはまだ達していなかった（右図）。1965（昭和40）年度になって、秋田県の小中学校児童生徒の学力はよう

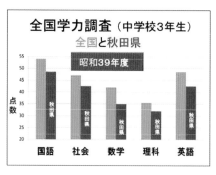

やく上昇傾向を示し最下位グループを脱出、全国中程度の成績であることが認められた。

「全国学力調査」は1966（昭和41）年度にも、小学校6年生の国語、算数、音楽（抽出20％）、中学校2年生の国語、数学、3年生の国語、数学、技術・家庭（抽出20％）について行われたが、1967（昭和42）年度からは実施していない。

　文部省はその後、1982（昭和57）年2月から1984（昭和59）年1月

にかけて「新学力調査」を行った。その結果、全国的に各学年各教科とも昭和40・41年時点に比べ、正答率が高まり、高得点者が増え（特に都市部）、学力の格段の向上が認められたと分析している。

　その間、秋田県教育委員会は、1980（昭和55）年6月、小学校4・5・6年生及び中学校の全学年を対象とした県独自の「基礎学力調査」をいずれも約10%抽出で実施している。実施教科は小学校4・5・6年生は国語と算数、中学1年生は国語と数学、中学2・3年生は国語、数学及び英語である。結果は、「一部に停滞状況もみられるものの、昭和40・41年に行われた全国学力調査の結果に比べ、相対的に向上していることが認められた」としている。

　昭和30年代の学力低迷期から、ようやく学力向上のきざしがみえ始めた昭和40年代に入って、秋田県教育委員会は、学力向上対策として特に、「**学ぶ主体が児童生徒にあることを基底として個別学習を重視し、主体的に学ぶ態度を育てる指導に心がけること**」（後述）を主要な観点の一つに掲げ取り組んでいる。

⑶ 学力向上のための指導理念

　昭和30年代に「全国学力調査」が始まり、全国的に学力向上のためのいわゆる詰め込み教育が行われている中にあって、秋田県では詰め込み教育とは一線を画した指導を行おうとする動きがみられる。1967（昭和42）年2月に秋田県教育研究所が発行した『教育研究と実践の道しるべ』では、「**教育の正常化**」に向けた取り組みを訴えている。そこでは、教育の本来的な目的を見失わないよう示唆する優れた識見と先見性に満ちた教育指導方針がみられる。

　伊藤忠二秋田県教育長や堀井喜一郎秋田県教育研究所長は次のような巻頭言等を寄せている。

　　「学力の向上は、教育の正常化によって達成されねばならぬ。……（中略）……。たとえば『入学試験の合格率を上げる』などの、何

か特殊なものをねらう、いわゆる、『ためにする教育』ではなく、本来の教育目標に向かって努めるところにあると考えられる。……（中略）……。ほんとに指導の効果を上げて、児童生徒の学力向上を期そうとするならば、教師みずからが、教育研究に励まねばならないことが明らかにされてきたからである。もとより教育の目的は、単に学力を上げる事だけではない。人間形成への努力が、学力向上にとって重要な因子となっていることが研究所の調査によって明らかにされている。したがって、**教育の正常化**こそ学力向上をもたらし、人間形成の実をあげるためのものであると言い得るのである。」

（『**教育研究と実践の道しるべ**』〈序：伊藤忠二秋田県教育長〉）

「**本県の学力が低い**ということについては、東北地方共通の宿命であるかのように思い込んで、なかばあきらめの風潮さえも見られるものがあった。しかし、われわれは、どうかして学力の向上を図りたいと考え、過去３カ年にわたって、『学力向上に関する研究』に取り組み、学力要因の分析や、向上の方策などを考察し実証追求に努めてきた。……（中略）……。学力向上については、ひとり本県のみではなく、各県もいろいろな施策を講じているところであるが、直接形に表れた点数の向上を図る対策以前に、まず、教師自身の教育に対する構え、これを受ける児童生徒の学習態度が大きな要因をなしている事は多くの事例が示している事である。……教育研究の根本問題として、**学力を蓄積された知識や技術等の量的な面からでなく、自ら学習していくという機能的な面から開拓していく事**を一つの試みとして提案してみたい。」

（序説：堀井喜一郎秋田県教育研究所長）

　秋田県教育委員会が1966（昭和41）年度に発行した『**学校教育の指針**』の中では、「自主的に学ぶ態度の育成」や「自主的な学習能力」の開発を強調し、「**学ぶ主体が児童生徒であることを基底として個別学習**

を重視し、主体的に学ぶ態度を育てる指導に心がけること」を学力向上
の主要な観点の一つに掲げている。

「全国学力調査」が始まり、知識の蓄積に価値を置く教育が全国的な広
がりを見せ、秋田県においても「最下位からの脱出を図ること」が大き
な課題となっているときに、児童生徒の主体性や学習意欲、主体的に
学ぶ態度の育成に目を向けた「**教育の正常化**」を訴えているのである。
「教育の正常化」は今日の「学力の３要素」や「育成すべき資質・能力」
等に通じるものであり、こうした方向性と具体的な指導が次第に花を咲
かせ実を結ぶことになったのである。

昭和40年代以降は、秋田県教育委員会のこうした指導方針に沿って、
県内各市町村教育委員会や各学校においても、児童生徒の主体性を育み
人間性を育てる、いわゆる「教育の正常化」に軸足を置いた取り組みが
行われるようになった。例えば、秋田県教育委員会の研究指定校であっ
た南秋田郡井川中学校の当時の研究紀要をみると、生徒の学力の定着を
めざし、客観的データをもとに生徒の学力の実態に即して真摯に研究実
践に取り組んだ様子がうかがえる。

研究紀要の一部に次のような記述がある。

「私たちは昨年度（昭和40年度）に、『学力を定着させるにはどうあれ
ばよいか』を研究主題に掲げて、学力の向上と定着のために研究実践を
続けた。いかにしたらひとりひとりの生徒により高い学力を身に付け
させることができるかと日々努力を傾けたが、一応の成果は認められて
も、満足すべき結果が得られなかった。このことは、生徒の主体的な学
習意識の低さに根本的な原因があると考えられる。そこで**主体性の確立**
こそが重要な課題であると反省されたのである。」

井川中学校では、主体性を、①意欲的であること、②自主的であるこ
と、③本質的または価値追求的であること　と捉え、主体的学習を学力
定着の中核として研究を推進していく。

また同じ頃、算数・数学の指導において、「**学習シート**」を活用した
課題解決型の授業スタイルが独自に生み出されている。教師が「児童生

徒に話して聞かせる」「説明して分からせる」指導から、児童生徒の自主的、創造的活動を通して児童生徒に課題を解決させる取り組みが授業の中で行われるようになった。

　こうした研究がやがて全県的な取り組みとなって広がることとなる。

*1) 1956（昭和31）年9月28日に実施した「第1回全国学力調査」の報告書序文には、調査目的が次のように記載されている。「最近、各方面で学力問題が議論されており、これが低下を論ずる向きがあるとともに、他面、学力は向上してきていると論ずる側もあるが、その論拠は必ずしも科学的な資料に基づいて行われているわけではない。（中略）そこでわれわれは、この問題解決のために一つの資料を与えるとともに、直接行政的に、学習指導要領その他教育条件の整備・改善に寄与しようという目的で、国語・算数の2科目についての全国的な学力調査を実施したのである。」

*2) 学力の地域格差は、全国調査が始まった1956（昭和31）年度から全国的な課題として取り上げられている。『全国中学校学力調査報告書　昭和39年度』によると、1964（昭和39）年度悉皆調査の中学校3年生の国語では、地域類型別で平均点が最高の「商業市街地域」と最低の「漁村地域」の生徒の平均点差は15.2点、数学では19.6点、英語では20.0点と大きな差がみられた。しかし一方、国語は全ての地域において学校平均点のひらき（標準偏差）が前年度と比較して小さくなり、しかも山村や漁村の中にはかなり成績の高い学校、生徒も少なくないなど、教育条件の整備や学校の努力によって、学力は向上することを示しているとしている。

[参考・引用文献]
▪ 文部省『全国学力調査報告書　国語・数学　昭和31年度』文部省調査局調査課、昭和32年5月

- 文部省『全国中学校学力調査報告書　昭和36年度』文部省調査局調査課、昭和38年2月
- 文部省『全国中学校学力調査報告書　昭和39年度』文部省大臣官房調査課、昭和41年6月
- 志水宏吉『全国学力テスト　その功罪を問う』岩波書店、2009
- 秋田県教育研究所『学力を高めるために』（第Ⅰ集）（1964〈昭和39〉年3月発行）
- 秋田県教育研究所『学力を高めるために』（第Ⅱ集）（1965〈昭和40〉年2月発行）
- 秋田県教育研究所『学力を高めるために』（第Ⅲ集）（1966〈昭和41〉年3月発行）
- 秋田県教育研究所『教育研究と実践の道しるべ』（1967〈昭和42〉年2月発行）
- 秋田県教育委員会『秋田県教育史　第四巻　資料編四』（1974〈昭和59〉年2月発行）
- 秋田県教育委員会『秋田県教育史　第六巻　通史編二』（1976〈昭和61〉年3月発行）
- 秋田県教育委員会『昭和41年度　学校教育の指針』
- 南秋田郡井川中学校『井川教育』第3集（1966〈昭和41〉年10月発行）
- 湊三郎・八柳久夫「半世紀を経た秋田の算数シート学習 ― 教職の専門職化 ―」東北数学教育学会年報45号、2014

3.「全国学力・学習状況調査」（平成・令和）にみる秋田県教育の特徴

⑴ 実施目的と実施年度及び調査対象

　文部科学省は、昭和の時代に実施していた「全国学力調査」を、2007（平成19）年度から「全国学力・学習状況調査」という名称で、学力調

査に加えて児童生徒の生活習慣や学校環境に関する質問紙調査も同時に行う調査として再開した。調査の目的は次の通りである。

①国が各地域における児童生徒の学力や学習状況をきめ細かく把握・分析することにより、教育及び教育施策の成果と課題を検証し、その改善を図る。

②各教育委員会、学校等が自らの教育及び教育施策の成果と課題を把握し、その改善を図るとともに、継続的な検証改善サイクルを確立する。

③各学校が各児童生徒の学力や学習状況を把握し、児童生徒への教育指導や学習状況の改善等に役立てる。

　調査は実施初年度である2007（平成19）年度から悉皆で行い、小学校6年生と中学校2年生を対象にしている。ただし、平成22年度及び24年度、25年度は抽出調査及び希望利用方式で実施している。また、2011（平成23）年度は東日本大震災のため、2020（令和2）年度は新型コロナウイルス感染拡大防止のため中止している。調査教科は国語、算数・数学であるが、2012（平成24）年度からは中学校に理科を追加し3年に1度実施している。また、2019（平成31・令和元）年度からは英語を追加し3年に1度の実施予定としている。
　国語、算数（数学）は、調査開始時から「知識」を問う「A問題」と「活用」を問う「B問題」に分けて出題していたが、2019（平成31〈令和元〉）年度からは、「知識」と「活用」を一体的に問う問題形式で実施している。

⑵ 秋田県の「全国学力・学習状況調査」結果とその分析及び秋田県教育の特徴

「1．2007（平成19）年の衝撃?!」で述べたように、2007（平成19）年度に「全国学力・学習状況調査」が始まってから12回連続して秋田県

は実施教科すべてにおいて全国の平均正答率より高く、トップ級の成績を収めている（右図）。

「全国学力・学習状況調査」各教科の全国順位推移（秋田県） （ ）内数値は平均正答率の全国比（小数点以下四捨五入）											
学年 教科 年度	小学校6年生					中学3年生					
	国語		算数		理科	国語		数学		理科	英語
	国語A (知識)	国語B (活用)	算数A (知識)	算数B (活用)		国語A (知識)	国語B (活用)	数学A (知識)	数学B (活用)		
H31	1位(+10)		2位(+3)			1位(+5)		2位(+5)			7位(+1)
H30	1(+6)	1(+6)	2(+3)	2(+4)	1(+6)	1(+4)	1(+5)	3(+4)	3(+4)	1(+4)	
H29	1(+5)	1(+6)	2(+5)	3(+4)		1(+5)	1(+6)	3(+3)	3(+4)		
H28	3(+4)	1(+6)	3(+4)	2(+5)		1(+3)	1(+5)	2(+5)	2(+4)		
H27	1(+6)	1(+11)	1(+6)	1(+7)	1(+6)	1(+5)	1(+5)	2(+4)	2(+5)	2(+7)	
H26	1(+5)	1(+12)	1(+7)	1(+8)		1(+5)	1(+5)	2(+6)	2(+6)		
H25	1(+5)	1(+10)	1(+6)	1(+7)		1(+7)	1(+7)	2(+6)	2(+6)		
H24	1(+5)	1(+7)	1(+6)	1(+6)	1(+8)	1(+5)	2(+5)	1(+4)	2(+5)	4(+5)	
H22	1(+6)	1(+7)	1(+9)	1(+10)		1(+4)	2(+6)	2(+6)	2(+7)		
H21	1(+6)	1(+10)	1(+8)	1(+9)		1(+5)	1(+7)	2(+6)	2(+7)		
H20	1(+6)	1(+12)	1(+9)	1(+9)		1(+5)	3(+6)	2(+5)	3(+6)		
H19	1(+4)	1(+7)	1(+9)	1(+5)		1(+4)	2(+6)	2(+6)	3(+5)		

　合計平均正答数の県別分布を検討すると、平均点が高いだけでなく、分散（標準偏差）が小さく、学力平均点の低い学校の数も少ない。また、過去にみられたような都市部と農山村部との差はほとんどみられない。むしろ地方の学校の平均正答率が高い（下図左）。

　更に、各教科ともすべての問題の無解答率が全国平均以下であることも秋田県の特徴の一つである（下図右）。すなわち、秋田県の児童生徒は、特に記述式問題においても粘り強く最後まで考え解答しようとしていることがうかがえる。

「全国学力・学習状況調査」では、学力調査と同時に「児童生徒質問紙調査」及び「学校質問紙調査」を行い、児童生徒の生活習慣や学習習慣、豊かな人間性、更には学校の教育活動や指導内容、教員研修、本調査（「全国学力・学習状況調査」）の活用状況等に関してもアンケート形式で調査している。その結果、多くの質問項目において肯定的な回答の

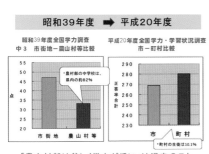

「農山村部は貧しく学力が低い」は過去のこと

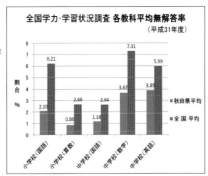

割合が全国平均を上回り、質問紙調査においても秋田県教育の特徴や指導の成果が表れている。

〈「児童生徒質問紙調査」及び
「学校質問紙調査」結果〉
　「児童生徒質問紙調査」における質問項目の中で、2017（平成29）年度と2019（平成31）年度で同じ項目としてあった「生活習慣」や「学習習慣」、「豊かな人間性等」について比較検討する。
　「（生活習慣）朝食を毎日食べている」児童生徒の割合は、秋田県の小・中学生は2017（平成29）年度及び2019（平成31）年度ともに96％以上と高く、特に中学3年生においては全国との差が大きく開いている（右図上）。また、「（学習習慣）家で計画を立てて勉強をしている」秋田県の小中学生の割合は、両年度ともに全国平均より15％ほど高く（右図中上）、朝食をきちんと食べてから登校し、家庭学習に主体的に取り組むなど、望ましい生活習慣や学習習慣が身に付いているといえる。
　「（自己肯定感）自分にはよいところがあると思う」（右図中下）や「（地域への関心）地域や社会をよくするために何をすべきか考

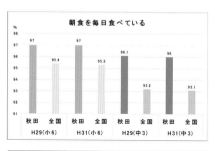

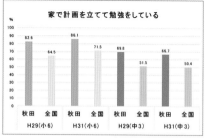

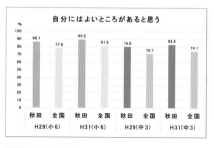

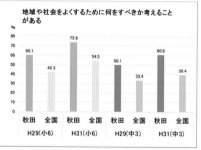

えることがある」（前頁図下）の調査結果からは、自己肯定感が高いとともに、地域・社会への関心が高い児童生徒が多いことがわかる。後述する「ふるさと教育」の成果とみることもできる。

「**学校質問紙調査**」では、学力調査対象の教科である国語や算数・数学、理科、英語に関する指導についての質問の他に、学校の教育活動や教育方針に関する質問も行っている。その中で、秋田県教育の特徴が顕著に表れているのは、「授業改善」や「キャリア教育」、「地域社会との協働に関する取り組み」である。

　秋田県においては、思考力や判断力、表現力の育成や主体的な学びの実現に向けた授業の在り方を研究する取り組み（「授業研究」）が、近隣の小中学校を巻き込むなどして熱心に行われている（右図上）。

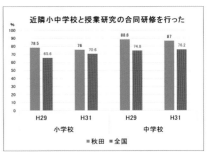

　また、児童生徒が早い時期（小学校）から「主体的・対話的で深い学び」、いわゆるアクティブ・ラーニングに取り組むことができるよう、問題解決のプロセスを重視した問題解決型授業（いわゆる「秋田の探究型授業」）が行われてきている（右図中）。

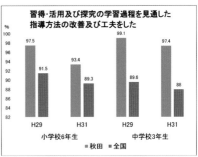

　更に、後述するように（「第9章　秋田県教育を支える取り組み」参照）、秋田県では、昭和20年代から「**こころの教育**」を充実させる取り組みの一つとして、「**ふるさと教育**」に取り組んできている。長い歴史のある地域に根

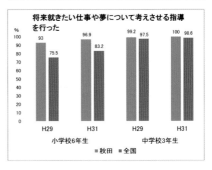

差した「ふるさと教育」の取り組みの中では、地域社会の事物や人物と直接触れ合う教育活動を「教育課程」に取り込み、児童生徒に自分の将来の姿を具体的に意識させ、自分自身のありたい姿やあるべき姿を思い描かせている。こうした取り組みが秋田県児童生徒の豊かな人間性、社会への貢献意識の涵養に繋がっているであろうことが容易に首肯される（前頁図下）。

［参考・引用文献］
- 『令和2年度学校改善支援プラン』 秋田県検証改善委員会、2020.3
- 『2019年度学校改善支援プラン』　秋田県検証改善委員会、2019.3
- 『平成30年度学校改善支援プラン』 秋田県検証改善委員会、2018.3
- 『平成29年度学校改善支援プラン』 秋田県検証改善委員会、2017.3
- 『平成28年度学校改善支援プラン』 秋田県検証改善委員会、2016.3
- 『平成27年度学校改善支援プラン』 秋田県検証改善委員会、2015.3
- 『平成26年度学校改善支援プラン』 秋田県検証改善委員会、2014.3
- 『平成24年度学校改善支援プラン』 秋田県検証改善委員会、2012.3
- 『平成23年度学校改善支援プラン』 秋田県検証改善委員会、2011.3
- 『平成22年度学校改善支援プラン』 秋田県検証改善委員会、2010.3
- 『平成21年度学校改善支援プラン』 秋田県検証改善委員会、2009.3
- 『平成20年度学校改善支援プラン』 秋田県検証改善委員会、2008.3

＊『学校改善支援プラン』は、「全国学力・学習状況調査」結果の分析からみえてきた秋田県教育の成果と課題、改善の方向性を示したものである。

第9章　秋田県教育を支える取り組み
― 教育委員会の施策 ―

　秋田県教育委員会が「**豊かな人間性を育む学校教育**」を目標に掲げたのは1982（昭和57）年度である*1。以来今日（2020〈令和2〉年度）まで、40年近く目標を変えることなくその実現に向けて学校教育の充実を図っている。

　1986（昭和61）年度からは、「豊かな人間性を育む学校教育」の目標のもと、人間としてのよりよい生き方を求めて「**心の教育**」の充実に取り組み、1993（平成5）年度からは「**ふるさと教育**」を学校教育共通実践課題として推進している。秋田県における「ふるさと教育」の歴史は古く、その指導の蓄積を通して充実した取り組みが行われている（後述）。

　秋田県教育委員会は、2011（平成23）年10月に策定した「あきたの教育振興に関する基本計画」に「ふるさと教育」の充実を掲げ、秋田県のめざす教育の姿を「**ふるさとを愛し、社会を支える自覚と高い志にあふれる人づくり**」としている。また、2015（平成27）年3月に作成した「第2期あきたの教育振興に関する基本計画」、更に「第3期あきたの教育振興に関する基本計画」（2020〈令和2〉年3月）においても、めざす教育の姿を継承し、県民総がかりで「教育立県あきた」の実現を図るとしている。

　秋田県教育委員会は、『令和2年度　学校教育の指針』において、「豊かな人間性を育む学校教育」の目標のもと、以下の4項目を加えて学校教育の更なる充実・発展をめざしている。

　　Ⅰ　思いやりの心を育てる
　　（1　人間愛の大切さの体得　2　開かれた心の育成）
　　Ⅱ　心と体を鍛える

（1　生き抜くたくましさの育成　2　働くことの喜びの体得と意義の理解）
Ⅲ　基礎学力の向上を図る
（1　自ら学ぶ意欲と態度の育成　2　児童生徒の個性と能力の伸長）
Ⅳ　教師の力量を高める
（1　幅広い識見と教育愛の涵養　2　社会の変化に即応した研修の充実）

　また、令和2年度はすべての教育活動を通して取り組む最重点の教育課題として次の①と②を位置づけている。

　　①地域に根ざしたキャリア教育の充実
　　②“『問い』を発する子ども”の育成

　①は、児童生徒の将来の社会的・職業的自立を念頭に、学校が地域や企業等と連携・協働して「ふるさと教育」や各教科等の指導を行い、必要な資質・能力を育てる取り組みである（例えば「ふるさと教育」や「各教科活動」、「集団宿泊活動」や「職場体験」等）。
　②は、問いを発するための基盤となる言語活動の充実や、授業の質を一層高めるための「秋田の探究型授業」（後述）の推進を図り、児童生徒が主体的に問いを発し課題解決を図る力を身に付けるための取り組みである。
　時代が昭和、平成、令和と変わっても指導理念は変えることなく、児童生徒の豊かな人間性を育むことを大きな目標として、人間愛の大切さの体得や生き抜くたくましさ、更には自ら学ぶ意欲と態度の育成を図ること、そして教師の指導力の向上をめざしているのである。
　本章では、昭和期の学力の低迷から抜け出し、「全国学力・学習状況調査」において好成績を収めている秋田県教育委員会が、昭和から平成、そして令和にかけて行ってきた特徴的な施策の一端を述べる。

*¹⁾ 秋田県教育の目標である「豊かな人間性を育む学校教育」は、1978（昭和53）年４月から４年間にわたって開催された「学校教育基本懇談会」の成果を集約したもので、1982（昭和57）年度からの「秋田県長期総合教育計画」の実施を契機に掲げられた。

[参考・引用文献]
▪ 秋田県教育委員会『あきたの教育振興に関する基本計画』（平成23年10月）
▪ 秋田県教育委員会『平成22年度　学校教育の指針』
▪ 秋田県教育委員会『令和２年度　学校教育の指針』

１．学校と保護者、地域、秋田県内の高等教育機関との連携

　秋田県教育委員会は、1986（昭和61）年度から「心の教育」を学校教育の重点事項として取り組んできた。その取り組みを更に充実・発展させるため、前述したように、1993（平成５）年度からは**「ふるさと教育」***¹を学校教育共通実践課題として実践し、豊かな心の育成とともに、「学習意欲の向上」や「自ら学び、自ら考える力」の育成を図ってきた。「ふるさと教育」では保護者や地域の協力を得て、各教科等の学習はもとより、職場体験やボランティア活動、生徒会活動、芸術鑑賞等、各学校種に応じた具体的な取り組みを通して「豊かな心と郷土愛」を育むとともに、「自ら学ぶ力」や「高い志と公共の精神」等の育成に取り組んでいる。

　また、学校教育活動に対する保護者や地域の方の理解と協力を得ることを目的とした**「みんなの登校日」***²を実施したり、大学の教員や大学生の支援を得て児童生徒の学習意欲の喚起と学習機会の拡充を図る**「学校・大学パートナーシップ事業」***³を展開したりするなど、家庭や地域及び県内大学等との積極的な協力体制を構築し、保護者や地域、大学等高等教育機関、そして県が一体となってオール秋田で**「豊かな人間性」**

「ふるさとを愛し、社会を支える自覚と高い志にあふれる人づくり」を
めざした教育活動を展開している。中でも、秋田県内すべての公立学校
で実施した「みんなの登校日」には、保護者を含めた多くの地域住民が
学校に足を運び、2006（平成18）年度は約26万人が「みんなの登校日」
に参加している。

　また、学校教育に関する保護者の声を教育施策や学校運営の改善に活
かすことを目的とした「学校活性化アンケート」（平成10年度は中学生
の保護者、平成11年度は小学生の保護者、平成12年度は高校生及び特
別支援学校児童生徒の保護者を対象とした抽出調査）を実施し、学校経
営、学校教育活動の改善に活かしている。

*1) 秋田県内の学校において秋田県の自然や歴史、文化などを学ぶ試み
　　は古く、特に1931（昭和6）年11月の「郷土教育研究会秋田県支
　　部」の創立発会式以降活発になった。郷土教育は明治期にも盛んに
　　なった時期はあったが、本格的な広がりには至らなかった。1939
　　（昭和14）年に『秋田県総合郷土研究』（秋田県師範学校・秋田県女
　　子師範学校）が刊行され、更に1950（昭和25）年に『社会科研究
　　資料わが秋田』（秋田県文協会［秋田大学教官及び県内高等学校教
　　諭有志］）が刊行されたことが契機となり、郷土の理解と郷土愛を
　　育て実践的な人間育成をめざす総合的な郷土教育が全県的な広がり
　　となった。秋田県教育委員会は、1993（平成5）年度に「ふるさと
　　教育」を秋田県学校教育共通実践課題と位置づけ、そのめざすもの
　　を、「ふるさとの事物との出会い、発見、感動を通じて、①豊かな
　　心の醸成、②知的活動を一層高め、更に調べ追求する自己教育力の
　　育成、③ふるさとのよさに気づき自信と誇りを新たにすることによ
　　り、これからの社会をたくましく生きる力を育むこと」とし、1996
　　（平成8）年には、「ふるさと教育」の実践に資するための資料とし
　　て『ふるさと秋田の学び ― 出会い・発見・感動 ―』を刊行した。
　　「ふるさと教育」は今日まで継続実践され、その定着と充実が図ら
　　れている。

*2) これまで、児童生徒の学習活動の参観は、保護者及び学校関係者に限定されていた。そこで、地域の方々にも教育活動に積極的に関わりをもって教育活動への理解を深めていただくことを目的として、2005（平成17）年度から秋田県内各小・中学校、高等学校、特別支援学校において、保護者のみならず地域住民の方を対象とした「みんなの登校日」を設け一定期間学校を開放し、授業参観や行事等に参加することができるようにした（平成17〜21年度）。

*3) 秋田大学の支援により、学習意欲の喚起と学習機会の拡充を図ることを目的に、大学生学習チューターや出前授業を実施した（平成17〜19年度）。

［参考・引用文献］
▪ 秋田県教育委員会『秋田県教育史　第六巻　通史編二』1976
▪ 秋田県教育委員会『ふるさと秋田の学び ― 出会い・発見・感動 ―』1996

2.「少人数学習支援事業（少人数学級・少人数授業）」及び「秋田県学習状況調査」の実施

　秋田県教育委員会は、2001（平成13）年度から、児童生徒の個性を活かし子どもの多様性に応える指導を行う観点から、全国に先駆けて**「少人数学習支援事業（少人数学級・少人数授業）」**を実施している。また、その成果と課題を把握し各学校の授業改善及び各種教育施策の改善に活かすために、2002（平成14）年度からは小学校４年生から中学校３年生のすべての児童生徒を対象に、毎年悉皆で国語や算数等の教科学力を調査する、県独自の**「秋田県学習状況調査」**を実施している。現在この調査は、「全国学力・学習状況調査」の実施によって明らかにされる県内児童生徒の弱点箇所の補強等にも活用している。また、「全国学力・学習状況調査」の実施以降は、調査実施直後にインターネット上で

自己採点の集計・分析を行い、その結果を速やかに各学校に通知している。各学校では、明らかになった自校の課題の改善に努めるとともに、全県的な課題に対しては秋田県独自の学習状況調査で改善状況を把握するなどの取り組みを行っている。

3.「教育専門監制度」及び「算数・数学学力向上推進班（『学力向上推進班』）」の設置

　2005（平成17）年度からは、教科の指導に卓越した力を有する教諭を「**教育専門監**」*¹として発令し、本務校（在籍校）を離れて近隣の兼任校でティーム・ティーチングによる授業を実施したり、研修会等で専門的な立場から講師を務めたりするなど、その指導力が広く活用されている（校種を超えて、高等学校の教育専門監が小学生や中学生を指導したり、中学校の教員対象研修会で講師役を務めたりすることもある）。教育専門監制度の目的は、秋田県内の子どもたちが均等に良質な授業を受けられるようにすることだけでなく、教員研修の一翼を担い、他の教員の研修意欲をかき立てたり、他の教員に高度な授業テクニックを伝え習得させることなどもある。近年は、特別支援教育や特別活動（部活動）等において卓越した指導力をもつ教員も「教育専門監」として活躍している。

　2005（平成17）年度には、教育委員会内に理数教育の強化を目的とした「**算数・数学学力向上推進班**」が設置され、県内の学校（小・中・高等学校）を訪問して算数・数学に関する授業改善に関する具体的な指導・助言を行ったり、算数・数学の単元評価問題（小・中学校全学年分）を作成し配信したりして、「わかる授業」「できる授業」の実現と基礎学力の向上をめざしている。現在は名称を変更し「**学力向上推進班**」となって算数・数学以外の教科の指導も行っている。

　また、2008（平成20）年度には、秋田県の教育の特徴や秋田県児童生徒の学びの姿を、「**秋田わか杉っ子　学びの十か条**」として示し、広く全県下の学校等に周知している（次頁図上）。当たり前のことを根気

強く積み重ねる大切さを理解し、その資質を身に付けている秋田の児童生徒の姿、そして児童生徒の資質・能力の向上に熱心に取り組んでいる学校、それらを支えている家庭や地域のよさ等を発信し、更に伸ばそうとする試みである。

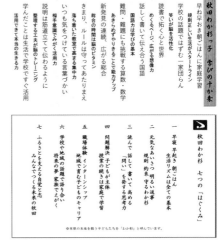

　2015（平成27）年度には、秋田県の財産である「児童生徒を主体とした授業づくり」や「家庭学習の習慣」、「家庭や地域の教育力」等を、オール秋田で作る教育環境であると考え「**秋田わか杉七つの『はぐくみ』**」（右図下）として発信し、「ふるさとを愛し、社会を支える自覚と高い志にあふれる人づくり」をめざしている。

*1) 学校の教育力及び教員の指導力を高めるために、教科指導や特別支援教育等にすぐれたいわゆるスーパーティーチャーを教育専門監として発令し、本務校と幾つかの兼務校において授業実践等を通して、直接、児童生徒や教員の指導を行ったり、教員研修等の講師を務めたりして教育指導の充実に寄与している。2005（平成17）年度から高等学校、2006（平成18）年度から小学校と中学校に配置されている。

4.「“『問い』を発する子ども”の育成」と「秋田の探究型授業」の充実

　秋田県教育委員会は、2011（平成23）年度から、授業改善や教師の指導力向上等の学力向上対策の一つとして「**“『問い』を発する子ども”の育成**」を学校教育の指針に掲げている。2015（平成27）年度以降は、

"「問い」を発する子ども" を育てるために【例】

授業で
○授業のねらいの具体化と、適切な言語活動の位置付け
○交流を通して、児童生徒が学習課題を練り上げていく活動の設定
○子どもが問い、子どもが答える授業展開の工夫
○各自の課題解決の過程の共有化
○見通しを立てたり振り返ったりする活動の重視

学級で
○自主的な活動をとおした互いを尊重する人間関係づくり
○自己存在感を得る場や自己決定の場の設定の工夫
○学級活動における、必要性のある議題選定の指導

行事で
○生き方についての課題意識をもたせる体験活動の工夫
○人々との幅広い交流を取り入れた社会体験の充実
○目的意識を高める事前指導と、事後指導における表現活動の工夫

（「令和2年度 学校教育の指針」〈秋田県教育委員会〉から抜粋）

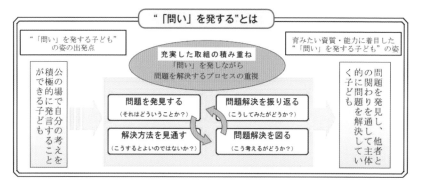

"「問い」を発する"とは

"「問い」を発する子ども" の姿の出発点

公の場で自分の考えを積極的に発言することができる子ども

充実した取組の積み重ね
「問い」を発しながら
問題を解決するプロセスの重視

問題を発見する（それはどういうことか？）
問題解決を振り返る（こうしてみたがどうか？）
解決方法を見通す（こうするとよいのではないか？）
問題解決を図る（こう考えるがどうか？）

育みたい資質・能力に着目した "「問い」を発する子ども" の姿

問題を発見し、問いに問わりを発見し、問題を主体的に解決していく子ども

【「秋田の探究型授業」の基本プロセス】

学習の見通しをもつ → 自分の考えをもつ → 集団（ペアやグループ、学級）で話し合う → 学習の内容や方法を振り返る

※探究型授業において学びの充実を図る特色ある取組例は、「学校改善支援プラン」（秋田県検証改善委員会）を参照

（「令和２年度　学校教育の指針」〈秋田県教育委員会〉から抜粋）

授業のみならず学校のすべての教育活動を通して取り組む最重点の教育課題とした（前頁図上）。

　秋田県教育委員会では、秋田県内の各学校で行われている"「問い」を発する子ども"を育成するための好事例を紹介するとともに、特に授業においては、これまで長年にわたって培われてきた、児童生徒の自主的な学びの態度を育てる授業を「**秋田の探究型授業**」として全県的に周知を図り、その充実をめざした教員研修等を実施している。

　「"『問い』を発する子ども"の育成」や「秋田の探究型授業」実践の充実を図る上で、個々の教員の指導力の向上は欠かせない。そのための教員研修は、各学校と教育委員会が一体となって行っている。

5.「秋田県教員育成指標」と教員研修の充実

　2017（平成29）年４月に教育公務員特例法が改正され、任命権者には、教員等の職責、経験及び適性に応じて向上を図るべき資質に関する指標を定めることが義務付けられた。

　秋田県教育委員会では、養成・採用・研修を通した一体的な教員育成を推進するため、県教育委員会と県内の教員養成を担う大学等とで構成する「秋田県教員育成協議会」を立ち上げ、文部科学大臣が示す指針を参酌して、2018（平成30）年３月に「**秋田県教員育成指標**」*¹を策定するとともに「秋田県教職員研修体系」を改訂した。また、2019（平成31）年３月には「秋田県教員育成指標（養護教諭）」「秋田県教員育成指標（栄養教諭）」を、2020（令和２）年３月には「秋田県学校事務職員育成指標」を策定している。「はじめに」で述べたように「秋田県教員育成指標」の中には、高校生の希望者に教職体験の機会を与えるなど、高等学校段階からの教員養成の取り組みが記載されている。

　秋田県教育委員会では、「教師の力量を高める ─ 幅広い識見と教育愛の涵養、社会の変化に即応した研修の充実 ─」を目標として、「秋田県教員育成指標（以下育成指標）」に沿って質の高い研修に取り組んでいる。育成指標では、教員のキャリアステージを４つのステージに分類

し、第１ステージは「実践的指導力習得期（目安：初任〜３年目）」、第２ステージは「実践的指導力向上期（４〜10年目）」、第３ステージは「実践的指導力充実期（11年目以降）」と設定した。更に第４ステージは、ベテラン教員の「教職経験活用・発展期」、管理職の「学校運営推進・充実期」とそれぞれ設定している。

特に、第１〜第３ステージにおいて教員に必要とされる基本的な資質・能力を、「本県（秋田県）の教育課題への対応」、「マネジメント能力」、「生徒指導力」、「教科等指導力」の４領域とし、個々の教員に自覚を促しながら、そのキャリアステージにおいて求められる資質・能力の育成をめざしている。

秋田県総合教育センターでは、育成指標の周知と教員の主体的・計画的な研修を支援することを目的として「**あきたキャリアアップシート**」を作成し、育成指標と連動した研修の改善・充実に取り組んでいる（下図：一部抜粋）。具体的には、育成指標の各キャリアステージで求めら

［秋田県教員育成指標］及び「あきたキャリアアップシート」自己評価

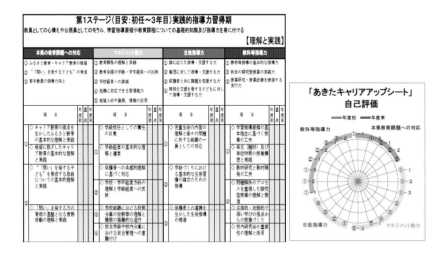

（「令和2年度 学校教育の指針」〈秋田県教育委員会〉から抜粋）

れる資質・能力の４領域に関する項目を細かく掲げ、研修受講者が各項目に関して自己評価しながら資質・能力の向上が図られるよう工夫している。例えば、４領域の一つである「本県の教育課題への対応」では、「キャリア教育の視点を生かしたふるさと教育の基本的な理解と実践」や「"『問い』を発する子ども"を育成する取組についての基本的理解と実践」等が項目として掲げられている。また、「教科等指導力」では、「学習指導要領の基本理念に基づく授業の工夫」や「主体的・対話的で深い学びの視点からの授業づくり」などが求められるべき資質・能力として掲げられている。

　秋田県内教員の公的な研修は、主として秋田県総合教育センターが担当している（右写真）。2020（令和２）年度は、学習指導要領の改訂や種々の教育改革に即して教員研修の充実を図るため、教員研修体系の改善を図った。また、秋田県総合教育センターでは、各学校がそれぞれ抱えている課題の解決に向けた支援を行うために「学校支援講座」を開講し、各学校の要請に応じて出前講義を行っている。

ビデオ視聴による授業研修
AKITASTANDARD

視点を明確にしたワークショップ型協議
AKITASTANDARD

　近年、各学校では、校内研修に教育委員会の指導主事や教育専門監、大学教員等の外部講師を招いたり、定期的に指導主事による学校訪問を行ったりして研修の充実を図るなど多様な取り組みが行われている。特に授業力の向上に向けた研修が盛んになってきている。

　教員の資質・能力の向上には、教育委員会等による公的な研修の機会

の提供と質の充実が必要不可欠であるが、更に各学校や各地域における学校種を超えた研修、有志によるグループ研修等も有効である（「第3章　学び続ける教師　3．研修」参照）。

*1) 秋田県教員育成指標　https://www.pref.akita.lg.jp/pages/archive/32662

　［参考・引用文献］
▪ 秋田県総合教育センター「秋田県教員育成指標『あきたキャリアアップシート』https://www.akita-c.ed.jp/kyaria-up/kyaria-up-index.html

6．就学前教育の充実

　自ら学ぶ意欲と態度の育成や個性と能力の伸長を図る取り組みは、幼児期から始まっている。秋田県では公立幼稚園が多く、生涯にわたる人間形成の基礎を育むことを目標として早くから幼小連携の取り組みを進めてきた。教育行政による幼稚園や保育園の教育・保育改善については、すでに1971（昭和46）年より秋田県内の教育事務所単位で数名の指導主事がチームを組んで年1回、多いところでは年3回程度、幼稚園と保育園の計画訪問を行ってきた。訪問視察の観点は、環境、安全、保育、計画書、管理など多岐にわたり、改善項目が口頭で伝えられるようになっていた。
　2005（平成17）年3月、秋田県教育委員会は「**秋田県就学前教育振興プログラム**」を策定するとともに、同年4月、教育委員会内に「**幼保推進課**」を設置し、幼児教育・保育の振興に努めてきている。具体的には、幼稚園と保育所等の合同研修会や訪問指導等による園内研修の充実を支援し、就学前教育の質の維持向上を図っている。
　2008（平成20）年3月には0歳児から小学校移行期まで一貫した流れの中で保育実践ができるよう「**秋田県就学前教育振興アクションプログラム～秋田っ子いきいきドリームプログラム～**」を策定し、小学校教育との接続を重視しながら就学前教育・保育の質の向上に取り組んでき

ている。更に2019（平成31）年3月には、各種研修会及び各園における日々の教育・保育の場で参考となる具体的な事例、写真を盛り込んだ「**秋田県就学前教育振興アクションプログラムⅡ**」を作成している。その中で「幼児期の終わりまでに育ってほしい姿」として10項目を挙げている（下図参照）。

各園	遊びや生活で	○安心できる環境の下、自分の思いを伝えたり認めてもらったりする経験の積み重ね ○主体的に環境と関わり、興味・関心を抱いたことに存分に取り組むための指導援助 ○友達の考えを取り入れ、経験したことを生かす遊びの充実

小学校教育への円滑な接続の推進

○乳幼児期の教育・保育において育まれた資質・能力を踏まえ，乳幼児期の教育・保育と小学校教育との円滑な接続を図る取組を推進します。

【児童期】
「スタートカリキュラム」を通じて，各教科等の特質に応じた学びにつなぐ

【接続期】
幼児期から児童期への発達の流れの理解　｜　保育者と小学校教員が幼児の成長を共有

【幼児期】　この姿を手掛かりに

- 健康な心と体
- 自立心
- 協同性
- 道徳性・規範意識の芽生え
- 社会生活との関わり
- 思考力の芽生え
- 自然との関わり・生命尊重
- 数量や図形，文字などへの関心・感覚
- 言葉による伝え合い
- 豊かな感性と表現

「幼児期の終わりまでに育ってほしい姿」
育みたい資質・能力が育まれている幼児の具体的な姿であり，特に5歳児後半に見られるようになる姿

発達や学びの連続性を踏まえた教育・保育

乳幼児期の教育・保育と小学校教育の相互理解を図る研修会の実施
（就学前・小学校等地区別合同研修会）
◇幼児の成長及び児童期への発達の流れの共有
◇双方の教育内容及び指導方法の理解やカリキュラムの見直し・改善

市町村における小学校教育への円滑な接続を図る取組への支援
◇小学校教育への円滑な接続に関する研修等への指導者の派遣
◇小学校教育への円滑な接続を見通したカリキュラムの編成・実施に向けた研修等の支援
◇市町村や園・校の課題に応じた支援

（「令和2年度　学校教育の指針〈秋田県教育委員会〉より」抜粋）

幼小連携では、「自分たちが育てた子どもたちが、小学校に上がって
いく」ということを意識して、「小学校に上がってから何が一番必要か」
という観点から、

　　①座って話を聞く姿勢
　　②楽しく興味を持って遊ぶ集中力
　　③保育者による遊びの計画づくり

の３点を課題として取り組んでいる。

　幼稚園と保育所の協力では、個に応じた保育指導が行われるよう、行
動観察におけるメモの取り方や子どもの行動やしぐさ、つぶやきの理
解、それらに応じた援助の在り方を詳細に検討する研修の充実が図られ
た。特に、子どもの指導に関しては、

　　①ルールを守ること
　　②子ども同士で認め合うこと
　　③コミュニケーションを取ること

を意図した指導が様々な場面で行われている。こうした就学前教育が
秋田県の小学生の高い集中力や規範意識につながっているといえる。

　質の高い幼児教育は、子どもたちの将来を大きく左右し、更には社会
全体の治安や経済状況にも好ましい影響を及ぼすという研究も少なくな
い（例えば、中室牧子『学力の経済学』ディスカヴァー・トゥエンティ
ワン、2015、杉田浩崇・熊井将太編『「エビデンスに基づく教育」の閾
を探る ― 教育学における規範と事実をめぐって ―』春風社、2019　等
を参照のこと）。
　秋田県では、学齢段階での「暴力等の問題行動」や社会における「犯
罪（刑法犯）認知件数」が極端に少ない。こうしたことも、秋田県の幼

児教育の質の高さを表しているといえるのかも知れない。

7．豊かな心の育成 ― 生徒指導（いじめや暴力、不登校等の防止）の充実 ―

「教育の正常化」のもと、秋田県は長年にわたって児童生徒一人ひとりの人格を重んじ、心の教育や資質・能力、個性の伸長に努めてきている。

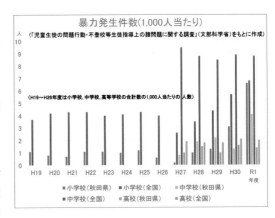

右図及び下図は文部科学省初等中等教育局児童生徒課が毎年実施している「児童生徒の問題行動・不登校等生徒指導上の諸問題に関する調査」の2007（平成19）年度から2019（平成31・令和元）年度までの13年間のデータをもとに作成したグラフである。ただし、暴力発生件数の平成19〜26年度のデータは、国公私立小中高等学校合計データである。秋田県の児童生徒は、暴力発生件数や不登校児童生徒数は少なく、高等学校の中途退学率も全国比較では低い割合で推移している（平成20、26年

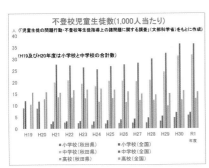

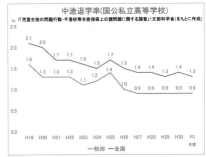

度の中途退学率は全国一低い)。

　このように各校種とも、秋田県においては、いわゆる生徒指導上の問題行動は少なく、概ね健全な学校生活が送られていると考えられる。「全国学力・学習状況調査」における児童生徒質問調査において、「人が困っているときは、進んで助けている」と答えている秋田県の児童生徒の割合が極めて高いことからも頷ける。

　こうした数値は、長年にわたる「豊かな人間性を育む学校教育」の成果であるともいえるが、数値が低く問題行動は少ない、といっても0（ゼロ）ではない。一人ひとりの児童生徒としっかり向き合い、すべての子どもの健全な発達を促す取り組みを更に前に進めなければならない。

8. 生涯にわたってたくましく生きるための健やかな体の育成

　秋田県教育委員会は、「**心と体を鍛える**」「**生き抜くたくましさの育成**」を教育目標として掲げ、生涯を通じて健康・安全で活力ある生活を送るための基礎を養う指導にも注力している。「子どもの体力向上支援事業」では、外部指導者を活用した授業づくりの支援を行う取り組みとして、例えば、派遣要請に応じて高校の保健体育科教員が、小学校や中学校に出向いて小学生や中学生の授業の支援を行ったり、小学校教員や中学校保健体育科教員の指導力向上のための研修支援を行ったりしている。そうした取り組みが奏功し、秋田県の児童生徒の体力・運動能力はこれまで全国的に高い成績を収めてきている。

　右図は、文部科学省が毎年行っている「全国体力テスト」において、秋田県の小学生・中学生の体力を全国と比較した結果である。

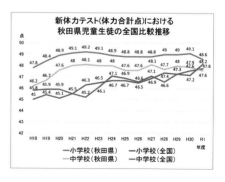

　2018（平成30）年度までは、秋田県の小学生と中学生の体力合計点の平均は、ともに全国平均より高かったものの、2019（平成31・令和元）年度の体力合計点の平均は、小・中学生ともに前年度を下回るとともに、中学生では全国平均をも下回る結果となった。このことを踏まえ秋田県教育委員会では、「運動習慣の二極化が見られる。本県（秋田県）のめざしている『運動やスポーツが好きで、体力が高い児童生徒』の育成に向け、質の高い体育授業を展開するとともに、地域や学校の特色を生かした業前・業間運動や体育的行事等の充実による学校の教育活動全体を通した取組を一層推進することで、運動の日常化につなげていく必要がある」*1）と分析、提言している。そして、「てくてくとくとく歩いて学校へ行こう運動」を展開して徒歩通学を奨励するなど、運動習慣の確立と体力の向上、更には生涯にわたって豊かなスポーツライフを実現する資質・能力を育てることをめざしている。

*1）秋田県教育委員会『秋田県の学校体育・健康教育資料集第62号　2019（令和元）年度』

9.「秋田県の教育」これまでとこれから

　教育は**人格の完成**をめざして行われなければならない、と高らかに宣言しているのは教育基本法第１条である。学校は子ども一人ひとりの人間形成の場であり、知識・技能といった目に見える学力を身に付けるだけの場ではないことはこれまでも述べてきたところである。更に教育基本法第２条第１項は、教育の目的を実現するための目標の一つは「幅広い知識と教養を身に付け、真理を求める態度を養い、豊かな情操と道徳心を培うとともに、健やかな身体を養うこと」であると、明確に、いわゆる**「知」、「徳」、「体」の三位一体教育**を目標とすることを謳っている。

　日本では1872（明治５）年の「**学制**」発布以後、特に1946（昭和21）年の学制改革以降、教育内容（教育課程）として「知」、「徳」、「体」の

三位一体の教育が行われている。遡って日本の近世学校の発端は室町時代に認められ、その体制が整えられたのは江戸時代であるとされる。江戸時代に武士の師弟を対象にした教育を行った**藩校**では、学識（知）と教養（徳）、更には武術（体）を指導することで武士としての資質（武士道）を育成した。一方、庶民のための教育機関であった**寺子屋**では、読み、書き、そろばんの能力を授ける他に、日常生活に必要な教養、封建社会の構造に基づいた庶民としての道徳等も指導されていた。つまり、学制制度が確立する前に、「知」、「徳」、「体」を意図した教育が行われていたのである。こうした藩校や寺子屋の伝統が明治維新の学校制度に引き継がれてきたのである *1。

　秋田県（秋田藩）においては、1600年代後半に朱子学者を江戸から招いての教学がはじまるが、その後も多くの学者を江戸や京都から招き、1790年には御学館（藩校）として「明道館」（後に「**明徳館**」と改称）を落成、開設している。藩校である明徳館での教育の目的が文武両道の鍛錬を通して人間形成を図ること（「文武忠孝を相励むべきこと」）であったということは全国の藩校と同様である。

　時代が進み、昭和30年代に全国的な学力調査が始まり、「知」に走ろうとする全国的な流れの中で、秋田県教育委員会は自らそうした風潮を戒め、「教育の正常化」のもとに「知・徳・体」のバランスのとれた人間形成を目標とする教育をめざした。そして今日まで一貫して変わることなく、豊かな人間性を育む教育を目標としてきたことは「第8章　戦後秋田県教育史概観」や本章の前書きで述べた通りである。変化の激しい現在、そしてこれから迎える「超スマート社会（Society 5.0）」にあっても、学校教育においては「知・徳・体」のバランスのとれた人間形成を図ることの重要性は基本的に変わることはないと思われる。秋田県教育委員会では、豊かな人間性を育む教育の実現のために、特に「教師」の教育研究、教育指導力の向上を図ることを強く促し、そのための機会を積極的に提供している。

　今日、コロナ禍を契機にICTを用いた遠隔・オンライン授業が、一般的なこととして行われるようになったが、これからの教育において

は、遠隔・オンライン授業と対面授業のそれぞれのメリットを最大限活かした教育が求められる。中でも、対面授業には、教師と児童生徒、児童生徒相互の触れ合いなどを通した人間形成の効果があるとされる*²。今後は、時代の変化に即してより一層子どもたちの望ましい人間形成を図るために、高度に進歩したICT技術やAI等を積極的に活用し、より豊かな対面授業の在り方を研究し、授業の質を高める工夫が求められる。教師には、日々の生活の中で自らの専門性を高めながら人間性を磨き、魅力的な人間、魅力的な教師として子どもたちの指導にあたってもらいたい。

*¹) 文部省『学制百年史』によると、江戸時代後期、藩校（全国で270校）と寺子屋（全国で数万校）はそれぞれ独自に発達し、特に、幕末にはそれぞれ近代化が進められながら武家の教育と庶民の教育がしだいに接近し、両者の融合化も行われて近代の教育へと近づいていったとされる。

*²) 大学審議会答申「遠隔授業の大学設置基準における取扱い等について」（1997）では、対面授業は教員と学生の触れ合い、学生間の交流による人間形成といった面において、他の授業方法では代替しがたい効果を有するとして、遠隔授業に比べて対面授業等対面教育の人間形成上の優位性を述べている。

［参考・引用文献］

▪ 木村元『学校の戦後史』岩波書店、2015
▪ 文部省学制百年史編集委員会『学制百年史』1972
▪ 大学審議会答申「遠隔授業の大学設置基準における取扱い等について」1997
▪ 秋田県教育委員会『秋田県教育史　第五巻　通史編一』（1985〈昭和60〉年3月発行）

お わ り に

【不思議な出会い】

　数学教師として最初に赴任した地は、県庁所在地から遠く離れた高校であった。赴任1年目は毎日が試行錯誤の連続、多くの先生方から温かくも厳しい指導を受けた。校長先生からは「『教育とはなにか?』を語れる教師になれ」と叱咤激励され、先輩の数学教師からは「高校を卒業して数年経てば、sin, cos, tan や微分・積分を忘れる生徒もいる。sinや微分・積分を忘れた後に、君は数学教師として生徒に何を残せるのか?」と問われた。答えられなかった。『教えることは学ぶこと』ということを身をもって体験する日々であった。

　その年の暮れの帰省電車の中。4人掛けボックスに一人で座っていると、途中駅から高齢の男性が正面の席に座った。声を掛けられ、いただいた蜜柑を食べながら世間話をしていると、私が数学教師であると知った彼が突然「1から100まで足せばいくらになるか」と質問してきた。彼は「自分は昔、尋常小学校の算術の時間にこの問題を習ったが、その授業が今でも忘れられない」と言って、そのとき習った方法(「ガウスの方法:1から順に100まで足す式の下に、100から1まで足す式を書き、縦に並んだ二数の和101を求めて100倍し2で割る方法」)を説明してくれた。そして、「その方法を先生が教えてくれたときはとてもビックリした。考え方は一通りではないのだということを知って興奮した」と話してくれた。その時の感動が60年以上経った今でも忘れられないというのである。私も感動した。教師としてのスタートラインに立ったばかりの私に、蜜柑よりも大きな贈り物をいただいたように思えた。不思議な出会いであった。

【確かな信念をもって決然と前に!】

　読者のみなさんは、将来職業人となって、あるいは現在職業人(教師)として、悩んだり迷ったりしながら経験を重ね、自分なりの働き方

や生き方を確立していく（している）ことであろう。大切なことは、謙虚に経験から学び、自分の職業や人生に対して正しい揺るぎない信念をもつことである。

　アメリカ・スタンフォード大学名誉教授で数学者の G. ポリア氏は、「信念」と「経験」について次のように述べている。「我々は経験を通して学ぶ。否むしろ、進んで経験から学ばねばならない。正確な信念を打ち立てるためにも適切な経験を積むべきである。『たぶん』とか『そうらしい』ということで、人は流行を追うように自分の信念を変えたりもするが、修正すべき理由がある場合には修正すべきであっても、十分な理由もなしに自分の信念を変えるべきではない」（「第 7 章　教育を支えるもの　１. 学びの基本」参照）。
「教職について学ぶこと」と「教職を生きること」は違う。「教職」について多くのことを知っているから良い教師になれるとは限らない。深い省察を加えながら学びつつ「教師として生きる」ことによって多くの人に信頼される教師に育っていくのである＊1。

　職業観や人生観といったものを心の底から語ることができるようになるまでには、多くの経験と省察が必要である。若い読者のみなさんには、試練も含めて様々な経験を重ねながら、「自分は何を大事に生きていくのか」「自分はこの人生で何がしたいのか」を自問し、「おのれを修めて世のためつくす」という高い志をもち続け、豊かな教職人生を歩んでもらいたい。

　　　「この道よりわれを生かす道なし、この道を行く」（武者小路実篤）

＊1）『方法序説』で知られているルネ・デカルト（1596〜1650）は、子どものころから、学問をすることで人生に有益な知識を獲得できると説き聞かされ、ヨーロッパで最も有名な学校で多くのことを学んだ。しかし、「勉学に努めながらもますます自分の無知を知らされたという以外、何も得ることがなかった」と述べている。そして彼は「世界」という大きな書物を読み、はるかに多くの真理を見つけ出すために旅に出る。そこで様々なことを見て、様々な人たちと交

わり、様々な経験を積み、目の前に現れる様々な事柄について深い省察を加え、その結果の一つとして『方法序説』が生み出されたのである。

　人から教えられた知識は、真に実感の伴わない知識であり、自分が必要とする真の学びは自分の人生の中で探し出し身に付ける以外にはないということである。

[参考・引用文献]
▪ G. ポリア、柿内賢信訳『いかにして問題をとくか　HOW TO SOLVE IT』丸善株式会社、1975
▪ デカルト、谷川多佳子訳『方法序説』岩波文庫、1997

【最後に】

　3.11東日本大震災の時もそうであったように、新型コロナウイルスの感染拡大は突然やってきて平穏な日々に大きな災いをもたらした。そうした思い及ばぬ突然の出来事は、私たちに平凡な日常にあっても"いざ"というときに対応できる力を蓄えておくべきことを教えてくれる。次の瞬間に何が起こるか分からない時代の中で、教育に携わる教師の役割の一つは、突然やってくる災禍に狼狽えることなく正しく判断し行動できる子どもたちを育てることでもある。

　コロナ禍は世界を揺るがす大きな災禍となったが、教育の場では ICT や AI 等の最先端の科学技術の活用が格段に進んだ。また、少人数学級編成や教師の働き方改革も大きく前に進もうとしている。教育現場は大きく変わり、未来の教育への扉が開かれつつある。

　繰り返しになるが、教育の機能は未来に対する準備であり、「未来への責任」である。教育を受けている子どもたちが、現在の学校生活に満足感や充実感を得ていたとしても、子どもたちが将来、満ち足りない日々を送るようであっては、それは教育の名に値しない。

　教師には、来たるべき「Society 5.0」に向けた社会の変化を見据え、すべての子どもたちに、変化に対応し、進んで社会に貢献しようとする

資質・能力を育てることはもとより、時代を超えて変わらない価値として、豊かな人間性や正義感、公正さを重んじる心、自らを律しつつ他人を思いやるやさしさ、協調する心などを培うこともまた大切にしなくてはならない。より豊かで安全安心な社会を創造していくための基盤となる力を、授業を含めた教育活動全体を通してすべての児童生徒に身に付けさせる責任と覚悟が必要である。そうした責任と覚悟、そして教職の魅力とやり甲斐が、本書を通して読者の皆様にわずかでも伝わることができたとすれば望外の喜びである。

　最後に、編集・校正を担当してくださった東京図書出版編集室の皆様には多くの有益な御助言や御指摘をいただいた。写真等の掲載に際しては現役の小・中・高校生及び保護者の皆様から御快諾をいただいた。加えて、図表等の掲載に際しても関係する皆様から御快諾をいただいた。多くの皆様に深く感謝申し上げたい。本稿は「はじめに」でも述べたように、秋田大学高大接続センター主催の「教師ミニミニ体験事業」の中の教職に関する「高大連携授業」の講義がもとになっている。この講義に参加いただいた高校生や大学生、そして事業実施スタッフの皆様にも心からの感謝を申し上げたい。ありがとうございました。

　令和３年３月吉日

伊藤　成年（いとう　なりとし）

秋田大学　教授

秋田大学大学院教育学研究科修了　修士（教育学）

秋田県内の公立高等学校数学科教員、秋田県教育庁高校
教育課主幹を経て秋田県立矢島高等学校長、大館鳳鳴高
等学校長、秋田県総合教育センター所長、秋田高等学校
長、秋田公立美術大学特任教授。2017年、秋田大学高大
接続センター創設に伴い秋田大学高大接続センター高大
接続教育部門長として赴任、現在に至る。
所属学会は、日本数学教育学会、あきた数学教育学会、
日本教育学会、教育目標・評価学会

教職の世界
― 子どもたちの未来のために ―

2021年4月20日　初版第1刷発行

著　　　者　伊藤成年
発　行　者　中田典昭
発　行　所　東京図書出版
発行発売　株式会社 リフレ出版
　　　　　　〒113-0021　東京都文京区本駒込 3-10-4
　　　　　　電話 (03)3823-9171　FAX 0120-41-8080
印　　　刷　株式会社 ブレイン

© Naritoshi Ito
ISBN978-4-86641-410-2 C3037
Printed in Japan 2021
日本音楽著作権協会(出)許諾第2101431-101号

落丁・乱丁はお取替えいたします。
ご意見、ご感想をお寄せ下さい。